HUMINT: esploratori del pensiero umano

ALESSANDRO VIVALDI

II

Indice

Prefazione

Di Maurizio Carboni*

Oggigiorno, per coloro che desiderano approcciare al mondo dell'intelligence, delle sue regole e metodologie, c'è un'ampia scelta di testi, ahimè non sempre all'altezza delle esigenze e della realtà, ma l'autore ha voluto conferire alla sua opera, "Humint: esploratori del pensiero umano", un profilo differente che ne esalta il valore.

Non si tratta di questioni teoriche inedite, ma di un'esposizione più chiara delle altre e sapientemente coniugata con aspetti quali i riferimenti all'antropologia o ai meccanismi psicologici che la rendono affascinante e, al tempo stesso, chiarificatrice. La lettura non è solamente per addetti ai lavori, nuovi professionisti del settore, neofiti e aspiranti operatori dell'intelligence in campo pubblico o privato, perché Alessandro Vivaldi ci conduce, quasi tenendoci per mano, lungo la via dell'apprendimento di un'arte antica quanto istintiva, ovverosia il desiderio di comprendere e disporre di informazioni qualificate per procedere con scelte sicure.

L'intelligence e il suo aspetto Humint, crasi forbita di *Human Intelligence*, costituiscono un elemento basilare nella vita d'ognuno, ma attraverso apprendimenti ed esercizi è possibile disciplinarle e gestirle nella maniera più redditizia per conseguire gli scopi. Molto s'è detto a partire dalla rincorsa alla conoscenza scattata immediatamente dopo gli attacchi del 11 settembre 2001 agli obiettivi in Territorio statunitense, come se ognuno di noi volesse partecipare agli sforzi, dare un contributo, sbirciare al di là del velo oscuro che cela i segreti, e s'è compreso che le tecniche non attengono esclusivamente all'ambito della security istituzionale, militare, mentre costituiscono un supporto determinante in ogni processo decisionale.

Personalmente considero l'Humint lo strumento d'eccellenza in quanto fondata su una raccolta da fonte umana, la più complessa, sensibile e delicata, come ci fa capire Vivaldi che muove nel labirinto dell'istruzione con la sagacia e l'esperienza del ricercatore avvezzo. Le sue pagine scorrono veloci sotto una lettura che consente d'espandere i criteri del saper aprire, finalmente, quelle "scatole" mentali, per rifornirle di nuovi stimoli e strumenti conoscitivi imprescindibili.

Tutto ciò Vivaldi lo fa con la leggerezza esplicativa del vero professionista, senza mai "salire in cattedra", ma trasmettendo ciò che ha appreso attraverso l'osservazione attenta e scrupolosa del contesto che ci illustra. La scelta è giusta e anche coraggiosa, perché oramai la tendenza prevalente è disquisire attorno alle tecniche OSINT – *Open Sources Intelligence* – che, però, pongono l'analista un po' lontano dallo scenario reale d'analisi, mentre Alessandro Vivaldi ci ricorda che l'informazione diretta costituisce un valore aggiunto nel processo conoscitivo e nel libro fornisce una metodologia, che definire clistica non è azzardato, per affrontare con maggiore sicurezza e competenza il percorso, ricordando che la comunicazione interpersonale è uno dei fattori imprescindibili di una valida Humint.

Maurizio Carboni è laureato in Sociologia all'Università "Sapienza" di Roma, ha svolto approfondimenti e studi in Psicologia, Scienze politiche e Giurisprudenza. Già assistente alla cattedra di Storia e Critica del Film, successivamente, di Sociologia Politica, ruolo, quest'ultimo, mantenuto anche durante il servizio svolto presso la Presidenza del Consiglio dei Ministri. È stato docente presso la Link Campus University, il MISC – Multinational Intelligence Studies Campus –, sedente in Svizzera, e la UNINTESS – Università Internazionale di Scienze Sociali –. Formatore e docente per la Difesa, ha svolto anche attività presso alcuni master alle università Carlo Bo, di Urbino, e Roma Tor Vergata, nonché è chiamato a tenere relazioni e approfondimenti conoscitivi su questioni strategiche internazionali presso aziende primarie nazionali. È Amministratore Delegato di BIC – Business Intelligence Consulting –. Svolge attività di consulenza ed è autore di articoli compendiati nei testi "Rischi sociali sicurezza e società del futuro" e "Intelligence of Everything", nonché di altri pubblicati su AtlasOrbis, Agenzia Radicale, Affari Esteri, Voce d'Italia.

«Non mi psicanalizzare, esploratore del pensiero umano!» ovvero di cosa parla questo libro.

Non mi psicanalizzare è una delle risposte che ottengo più frequentemente quando decido di mettere sotto pressione un interlocutore. Quando dico "più frequentemente" intendo dire che oramai il mio obiettivo è ottenere questa risposta due volte a settimana. Qualcuno mi ha giustamente detto che al ripetersi costante della stessa risposta, forse dovrei chiedermi il perché. In realtà, almeno dal mio punto di vista, la causa è quanto meno ovvia: è la pressione stessa che applico alla persona che ho davanti. *Non mi psicanalizzare* è una palese ammissione: vale a dire che sto subendo la tua pressione, che stai mettendo in difficoltà le mie difese, che ti stai arrogando il diritto – malamente

– di introdurti nei meandri, spesso confusi o caotici, altrettante volte pieni di menzogne, del mio cervello. Che sì, è esattamente quello che sto facendo. La realtà, tuttavia, è che non ti sto psicanalizzando. Quello lo fa il tuo psicoterapeuta o, nel peggiore dei casi, il o la partner con cui hai ingaggiato una relazione tossica. Quello che faccio io è invece manipolare con un fine specifico: ottenere delle informazioni. In un solo termine piuttosto in voga, HumInt, *human intelligence*, o intelligence attraverso le fonti umane. Nello specifico caso che genera questa risposta, le informazioni che cerco riguardano non fatti, eventi o dati, ma l'interlocutore stesso: sto testando le sue reazioni e la sua personalità.

Quando cominciò la distribuzione del "capitolo precedente" questo libro, *Intellego ergo sum*, moltissimi amici e colleghi mi hanno chiesto di scrivere un seguito, o meglio molteplici seguiti, per approfondire il tema dell'intelligence nelle sue variegate sfaccettature. Non so se ci saranno altri episodi, per così dire, ma nel momento in cui molti mi pressavano, e avendo davanti a me un'afosa estate, in cui chiudersi al fresco a scrivere sembrava un'ottima opzione, mi è capitato davanti un libro, uno dei tanti volumi polverosi della mia libreria, settore Storia delle religioni: *Esploratori del pensiero umano: Georges Dumézil e Mircea Eliade*. Per chi non li conoscesse, i due sono stati tra i più importanti storici delle religioni del secolo scorso (e anche tra i più criticati). L'uno francese, l'altro rumeno, morirono a breve distanza nel 1986. Non mi interessa sinceramente cosa ne dicano i loro colleghi di oggi e di allora; tra i tanti autori a cui devo la formazione del mio pensiero, da antropologo e storico delle religioni, per me questi due autori furono una sorta di svolta, il realizzare quanto le costruzioni mitologiche e religiose possano dirci degli esseri umani.

Così nasce il titolo e l'idea di questo libro. Il tenere lezione di *consapevolezza culturale e intelligence* al Centro Interforze di Formazione Intelligence e Guerra Elettronica dello Stato Maggiore della Difesa, il discutere con colleghi civili e con specialisti militari, mi ha portato a notare l'assenza di un testo efficace, agile, semplice, ma profondo, sul tema della HumInt, soprattutto nell'ambito civile, fuori in particolar modo dal perimetro delle Forze dell'Ordine, nel quale si situano la stragrande maggioranza degli studi accademici americani sul tema, quindi fondati non tanto sull'*elicitation*, che qui chiameremo *sollecitazione*, quanto sull'interrogatorio, che come potete ben immaginare è ampiamente al di fuori delle possibilità sia di chi fa intelligence nel mondo civile, sia di chi la fa nell'ambito militare in contesti di pace. Tuttavia, non è per la sola assenza di un testo che ho deciso di scrivere. La manualistica militare e il poco che si trova di civile in letteratura anglosassone (per lo più ciarpame da *rambodenoantri*, ma qui e lì qualcosa si può estrapolare) si concentra sulla HumInt dal punto di vista più specificatamente tecnico dell'intervista, o meglio, tecnico-linguistico. La mia esperienza mi ha portato invece a credere che anche il miglior operatore dal punto di vista tecnico-linguistico può poco se non ha dimestichezza con un ampio gruppo di competenze, adeguatamente trasformate in tecniche attraverso l'addestramento. Queste competenze partono da lontano e da tale distanza devono partire le tecniche: non può esservi sollecitazione della fonte se non vi è conoscenza della fonte. Conoscenza della fonte significa comprendere appieno il suo essere individuo, il suo rispettare specifiche regole e al tempo stesso essere eccezione a esse, nonché l'applicare verso la fonte i codici linguistici – verbali, paraverbali, prossemici, corporei – giusti, il capire a pieno la sua posizione nel gruppo e nella società, la relazione che con questi intrattiene, come il parlare con l'operatore cambi queste relazioni e tanto altro.

Insomma, l'operatore HumInt non è solo un intervistatore o sollecitatore, è molto di più. Per questo, nei capitoli che seguono, parleremo di Psicologia della personalità, di Terapia cognitivo-comportamentale, di Tecniche del colloquio, di Psicologia sociale e dei gruppi, di Sociologia, di Antropologia culturale, e di binomi apparentemente contraddittori, come menzogna ed etica, manipolazione e verità, e molto altro.

Perché, alla fine, un operatore HumInt non è altro che un esploratore del pensiero umano.

Cosa voleva sapere Hanns da me? Non l'ho ancora capito. Sono certo, però, che sapesse di tutto più di quanto non ne sapessi io.

(Maggiore Walter C. Beckham, a proposito delle tecniche di sollecitazione di H. J. Scharff, in R. F. Toliver, *The interrogator: the story of Hanns Joachim Scharff*, pag. 212).

Princìpi

Contra supercazzolam: cosa c'è e non c'è in questo libro.

Quando ho cominciato a scrivere questo testo, ho dovuto da subito decidere un titolo provvisorio, e sono stato profondamente indeciso se includere il termine HumInt. Non potevo farne a meno, perché un titolo deve sempre comunicare in maniera essenziale l'argomento. Tuttavia, devo anche evitare che vi siano dei fraintendimenti, quindi ecco qui: *contra supercazzolam*, ovvero cosa troverete e non troverete in questo scritto.

Non troverete di certo lo spionaggio. Lo spionaggio, soprattutto inteso come *covert operations*, operazioni sotto copertura, o *covert humint*, qui non trova spazio. Innanzi tutto, perché l'intelligence, e in particolar modo quella "legale" nel mondo civile, non usa determinati metodi. In seconda istanza perché il 95% dell'intelligence, anche in ambito militare e soprattutto di tipo umano, non si fa con quel tipo di operazioni. Non troverete neanche una becera adulazione della menzogna e della manipolazione, che, come vedremo, sono strumenti talvolta imprescindibili, ma che devono essere sottoposti a una rigidissima etica individuale e dell'organizzazione cui si appartiene. Non troverete scorciatoie indegne e pseudoscientifiche, tipo la PNL, perché mi sono sempre state invise e dubito da sempre, anche all'atto pratico, del loro valore intrinseco, con qualche eccezione per quanto da queste viene preso dalle discipline scientifiche e riutilizzato. Non troverete neanche, al di là dello stretto necessario, un'approfondita contestualizzazione della HumInt nei più larghi campi dell'intelligence, dell'intelligence aziendale e di tutte le applicazioni che queste possono trovare in ambito civile: per questo non posso che consigliarvi di partire dal precedente *Intellego ergo sum* e dalla bibliografia ragionata che in esso troverete.

Di contro, come già accennato, troverete molte scienze umane e sociali (le *geisteswissenschaften*, come amo chiamarle per tradizione, nella loro accezione più larga). Il che, come si vedrà, non significa che questo sia un testo scientifico e assoluto. Al contrario, esso va sin da subito preso con le pinze e contestualizzato: questo testo parte da un'esperienza che è, fondamentalmente, individuale. È la mia esperienza della HumInt, come mi è stata insegnata e come la ho sviluppata a livello pratico, secondo le mie vicissitudini personali e professionali. È, fondamentalmente, il racconto di un metodo pratico che non vuole enunciare verità assolute, ancorché si fondi anche, ma non esclusivamente, su competenze scientifiche. Tradotto in soldoni, il lettore troverà dozzine di riferimenti a teorie (e pratiche) scientifiche mutuate dalla ricerca psicologica e psicoterapeutica, sociologica e antropologica, addirittura dalle neuroscienze in generale, per finire ai costrutti del pensiero mitologico. Questo, si badi bene, non significa che leggere questo libro sia sufficiente ad appropriarsi di quelle competenze: lo scrivente è e rimane un "generalista", non uno specialista, con tutti i limiti palesi che questo comporta, a cominciare dal fatto che le mie competenze non sono affatto equivalenti a quelle di uno psicologo, di un sociologo e via discorrendo. Questo ha ha una conseguenza ben precisa: è dovere del lettore, alla fine di questo libro, approfondire quei temi secondo parametri accademici decenti per acquisire le competenze qui soltanto accennate.

La HumInt: cos'è e perché è imprescindibile in ogni attività umana

Tra le cosiddette "discipline di raccolta delle informazioni", l'intelligence da fonti umane è certamente la più antica, la cui origine è forse alla base stessa dell'essere umano. Se andiamo astrattamente a definire questa disciplina, intendendola come *acquisizione di informazioni, attraverso la comunicazione con altri esseri umani, con il fine di sviluppare consapevolezza della situazione, anche in termini previsionali, affinché sia possibile prendere decisioni migliori*, è inevitabile concludere che essa è una pratica imprescindibile per il funzionamento stesso dei gruppi umani e per la loro stessa sopravvivenza (degli individui e dei gruppi allo stesso modo). Essa è strettamente legata alla comunicazione tra esseri umani e, quindi, al veicolare informazioni complesse (diversamente, per esempio, dai nostri sensi presi singolarmente, che veicolano informazioni relativamente più semplici), costituite da codici linguistici complicati e concetti spesso astratti che necessitano di codifiche condivise (un linguaggio comune, un insieme di simboli, etc.). In sostanza, non è possibile scindere l'intelligence nella sua accezione più larga dall'essere umano: semplificando, biologicamente parlando, ogni individuo compie migliaia di "scelte" o "decisioni" al secondo, in parte automatiche, in parte consapevoli. Indifferentemente dalla nostra "presenza" o consapevolezza, ogni decisione che prendiamo si fonda su un insieme di informazioni precedentemente acquisite dai nostri sensi ed elaborate dal nostro cervello, talvolta razionalmente, molto spesso istintivamente o inconsciamente o emotivamente. Nel lungo percorso dell'evoluzione umana, che ha visto i nostri gruppi sociali passare da unità base (la famiglia) a società intere, fino alla globalizzazione, la quantità di informazioni che abbiamo dovuto gestire durante le nostre attività è aumentata esponenzialmente, motivo per il quale intelligence e teoria della complessità sono indissolubilmente legate. Quest'ultima, la complessità, richiede un maggiore sforzo a livello di intelligence e capacità di comunicazione maggiori: questo ha portato gli esseri umani a sviluppare sistemi atti a veicolare informazioni complesse, insomma, il pensiero umano e la sua comunicazione, quello che a grandi linee in *Sapiens, da animali a dèi*, Harari chiama immaginazione.

Facciamo un esempio pratico per comprendere quanto ogni decisione, anche nella nostra vita quotidiana, utilizza l'intelligence e in particolar modo la HumInt. Ipotizziamo che il lettore o lettrice sia invitato/a a una cena da amici, con una dozzina di invitati, oltre la metà dei quali sconosciuti. Durante la cena, il nostro soggetto viene posto di fronte a un altro essere umano per il quale prova attrazione. In questo frangente, il corpo e il cervello hanno già compiuto un'attività di intelligence che definiremo "biologica": i nostri occhi, il nostro udito e il nostro olfatto, oltre ai nostri ricettori chimici, hanno acquisito delle informazioni, che sono state elaborate e hanno portato il nostro centro dell'attività di Comando e Controllo – il cervello – a decidere che l'altro essere umano è un potenziale partner (il primo passo, secondo l'antropologa Helen Fisher e il suo team di neuroscienziati, in una potenziale relazione), attivando un'area specifica del cervello. Questa decisione – l'attrazione fisica – ancorché stabilita e guidata da un'attività informativa, è stata già presa, senza che razionalmente ve ne siate accorti. Ora, c'è l'attività razionale. Quando pongo questo esempio in aula, chiedo: "qual è la prima cosa che guardate, la prima informazione che cercate di acquisire, su un potenziale partner che vi attrae?". Le risposte sono varie, ma dal mio punto di vista, la prima informazione utile da cercare è lo status relazionale del soggetto. Perché? Perché a seconda di tale status (celibe/nubile o sposato/a, diremmo anagraficamente) la mia decisione di ingaggiare un flirt o la strategia di come ingaggiarlo possono cambiare radicalmente. Ora, abbiamo qui due opzioni teoriche su come acquisire tali o altre informazioni per prendere queste decisioni. Dico teoriche perché all'atto pratico, dovrei percorrere tutte le strade possibili al fine di innescare un meccanismo di "conferma delle informazioni" e validazione delle fonti.

La prima opzione, più diretta ma incompleta, è puntare l'anulare sinistro: c'è una fede? Questa strada è incompleta, sì, ma è un primo passo necessario. Se ci fosse una fede, molti potrebbero già decidere di risparmiare risorse e non flirtare. Poi vengono le strade successive. Ovviamente, oggi siamo nel 2022, il che ci offre varie alternative all'approccio diretto, cioè quello di sollecitare le informazioni direttamente dal nostro potenziale partner, quali per esempio l'utilizzo dei suoi social. Tuttavia, qui stiamo parlando di HumInt, e quindi nel nostro esempio valuteremo solo due strade; la prima è l'Autostrada, quella semplice, diretta, rapida: sollecito direttamente il soggetto con una singola domanda o con una serie di domande meno dirette. Il problema, con l'Autostrada, è che può far sentire l'interlocutore sotto pressione. L'alternativa, quindi, è il sentiero di montagna: lento, impervio, tutt'altro che più sicuro, ma decisamente più affascinante: stimolo una discussione, magari ampliandola a più interlocutori, portando il soggetto a scoprirsi da solo circa le sue relazioni.

Ecco, direi che in questo breve esempio non solo c'è l'essenza originaria stessa della HumInt, ma in pratica abbiamo riassunto quasi tutto quello che dovremmo sapere per farla bene. Il problema, ora, è spiegare meglio e più approfonditamente svariate decine di concetti che in questi due paragrafi sono stati inseriti e utilizzati.

La Humint: "rapida" e "lenta"

Nella mia esperienza ho diviso a grandi linee le relazioni con le fonti in "rapide" e "lente", due poli opposti che servono solo a dare un'idea, una mappatura, un indirizzo: ovviamente tra i due c'è un ampio spettro di vie di mezzo. In ambito militare, le relazioni con le fonti sono prevalentemente rapide, questo perché il personale militare in teatro è generalmente sottoposto a turnazioni che vanno dai 4 ai 6 mesi, il che significa che gli incontri con le fonti – fatti salvi casi specifici che si legano spesso alle operazioni psicologiche – avvengono per ogni turno dalle 2 alla decina di volte. Abbastanza per ottenere delle informazioni, troppo pochi per sviluppare una relazione duratura con la fonte, che infatti viene compensata attraverso il passaggio della fonte da un operatore all'altro quando vi è il cambio, il che, tuttavia, compensa relativamente, soprattutto in quei teatri in cui per via della cultura autoctona la relazione sul piano personale è più importante della relazione istituzionale; questo significa, per capirci, che il fatto che la fonte si fidi ciecamente dell'operatore X, non implica che essa attribuisca la stessa fiducia all'operatore Y che dà il cambio a X. Le relazioni con le fonti che definiamo rapide devono necessariamente passare per un processo agile e nella maggior parte dei casi richiedono che la fonte sappia con chi ha a che fare, ufficialmente o ufficiosamente. Insomma, deve sapere o intuire, nonché essere particolarmente disponibile, a dare informazioni. In questi casi l'affidabilità della fonte è meglio che già sia testata, o che comunque venga presa con le pinze. L'intervista inevitabilmente sarà estremamente tecnica, con un linguaggio e una serie di domande che puntano direttamente alla questione, il che, non serve lo sottolinei, può anche infastidire l'interlocutore.

Diversamente, soprattutto nel mondo civile, è possibile fidelizzare delle fonti, siano esse consce o meno dell'attività informativa o del vostro ruolo. Questo comporta una relazione "lenta", fatta di tre fasi sostanziali: conoscenza della fonte, acquisizione informativa, stabilizzazione della relazione. Il fatto che con questo tipo di fonti ci sia più tempo permette all'operatore non solo di stabilire un rapporto di fiducia, e quindi di "rilassare" l'interlocutore, ma anche di poter meglio distinguere quando la fonte mente, quando dice la verità, quando mente senza esserne conscia (mente pensando di non farlo). Per quanto mi riguarda queste sono le relazioni e le fonti migliori, perché sulla lunga distanza, oltre a essere maggiormente affidabili, vanno a costituire un network di informatori – sempre in un contesto legale – che nel migliore dei casi tenderanno a dare informazioni anche quando non stimolati direttamente. In pratica, vi aggiorneranno di loro sponte. Tuttavia, è bene farlo presente, saranno anche le fonti che richiederanno maggiore attività all'inizio, vale a dire che dovrete spesso, come si dice in gergo, prenderci il caffè, attività che richiede molte risorse, sia in termini economici che di tempo speso.

Non ha molta utilità dire quale delle due opzioni, in questo caso, sia la migliore: la verità è che un buon operatore sa utilizzare entrambi i tipi di relazione in contemporanea, ha da una parte un network stabile e in costante crescita (e con ricambio) e dall'altra sa trovare fonti "rapide" quando necessario, sfruttandole a dovere in relazione alla propria attività informativa.

Costruire una rete di contatti

Essere operatori HumInt nel mondo civile non è esattamente semplice. In primis perché ci sono degli specifici limiti legali: la raccolta informativa è assolutamente lecita quando si tratta di contesti, ma è estremamente legata laddove l'oggetto dell'attività sia una posizione giuridica, quindi per capirci un codice fiscale o una partita iva. Significa che il perimetro di azione, quando cerchiamo informazioni su una persona o su una azienda, ancorché le informazioni non siano propriamente riservate, è dettato da apposita autorizzazione prefettizia, nonché dalle leggi vigenti in materia di privacy.

Il mio mondo, il mio perimetro di azione, negli ultimi anni, è stato sempre il "mercato", nella sua accezione più larga, quindi il mondo delle aziende e delle loro interazioni con il resto del mondo. Ho sempre preferito occuparmi di contesti o di processi. Per i primi, come esempi, possiamo parlare di attività di intelligence legate all'internazionalizzazione, quindi per fare degli esempi, allo sbarcare di un'azienda in un altro paese, o di intelligence legata alla sicurezza degli asset, alle opportunità di mercato, agli scenari previsionali geopolitici. Per i processi, possiamo invece menzionare l'introduzione di attività di intelligence all'interno di unità funzionali già strutturate, il che è generalmente problematico perché alterare un sistema dall'esterno non è mai semplice. Al di là di queste distinzioni, in ogni azienda per cui ho lavorato ho cercato di piantare un semino per costruire la mia rete (network) di informatori. Non tanto per "coprire" il bisogno informativo su quell'azienda, quanto sul mercato: oggi il mondo aziendale, soprattutto quello delle grandi aziende, vede una massiccia mobilità dei manager. Questo significa che un manager che conosco nell'azienda X in capo a 5 anni sarà stato almeno anche nell'azienda Y e nell'azienda Z. Questo mi permetterà di utilizzare quell'informatore non tanto sulle singole aziende, quanto per una panoramica anche piuttosto approfondita del suo mercato di riferimento, il suo andamento, le minacce, le opportunità, le problematiche che vessano il settore, nonché tutto quello che può essere interessante sapere su una funzione manageriale specifica (per esempio il mondo delle supply chain se è un supply chain manager, del facility management se è un facility manager, della security se è un security manager, etc.). Allo stesso modo, per quanto concerne le attività informative a supporto delle operazioni aziendali all'estero, ho costituito negli anni una rete di soggetti provenienti da fondazioni, ambasciate, country manager, logisti e volontari di ONG che possono darmi il polso delle situazioni sul terreno, dando un valore aggiunto alle mie analisi, che si avvalgono sempre di informatori esperti del territorio, valore aggiunto che di contro manca a molte aziende che si occupano di travel security, convinte che l'*Open Sources Intelligence* possa sopperire a tutto (il che è falso, soprattutto perché l'OsInt nella maggior parte dei casi – se non fatta in lingua – soffre di bias cognitivi non indifferenti).

Come dico spesso ai miei studenti, quando una rete è stata costruita seriamente, tende ad auto attivarsi ogni qual volta nel sistema succede qualcosa. È una sorta di prova del 9: se il vostro network è efficiente, ogni volta che c'è un qualche tipo di scossa, una novità, qualcosa che esca fuori dalle normali euristiche, automaticamente comincia il passaggio di informazioni, non necessariamente in maniera unilaterale. La domanda, tuttavia, è: come costruire una rete, cioè una rete di contatti e informatori, correttamente?

I pilastri fondamentali sono due: il primo e più importante, e che vedremo in un paragrafo *ad hoc*, è la selezione e stabilizzazione della fonte, del contatto, dell'informatore. Il secondo è la costante stimolazione nella rete su più livelli. Questo punto equivale a dire che, se da una parte l'operatore deve sempre gestire la rete stessa e i singoli contatti, dall'altra deve fare il modo che essa viva di vita propria e progressivamente si espanda su degli snodi, quindi individui, che "investite" di una maggiore responsabilità e che a loro volta dovranno gestire ulteriori contatti. Questo perché all'atto pratico una rete sociale (vale a dire, la vostra rete di contatti e informatori), secondo il cosiddetto *numero di Dunbar*, può contenere al massimo circa 150 individui. Vediamo meglio questo punto. A seguito del postulato dell'antropologo britannico

Robin Dunbar, varie discipline hanno teso a confermare l'ipotesi che un essere umano può intessere relazioni stabili con circa 150 individui massimo, per motivi che vanno dalle capacità cognitive dei singoli alla necessità di maggiori regole condivise per i gruppi sociali di maggiori dimensioni. Poiché l'attività informativa non è regolata da "leggi" condivise – se non quelle non scritte -, risulta ovvio come la vostra rete di contatti realmente affidabili e utili, che dovrete nutrire e stabilizzare costantemente, anche emotivamente, sarà necessariamente limitata, e per ampliarla avrete bisogno di creare dei sottoinsiemi, o meglio delle gerarchie funzionali, per cui avrete un gruppo, chiamiamolo così, di "luogotenenti informativi", ognuno dei quali dovrà essere formato, o selezionato, per gestire a sua volta una rete. Qui avrete ovviamente due opzioni: centralizzare il controllo o delegare. La centralizzazione assicura certamente minori fughe di notizie e rapporti più stretti con i vostri informatori, ma decisamente ne limiterà il numero perché... avete risorse limitate. Delegare, responsabilizzare i vostri luogotenenti vi porterà invece a una rete più ampia, difficilmente controllabile, certo, ma che sul medio e lungo termine porterà maggiori informazioni.

Selezionare le fonti

I contatti, informatori o fonti che inserirete nella vostra rete lenta e in quella rapida vanno, ovviamente, opportunamente selezionati, processo che è tutt'altro che semplice. Il mio consiglio è innanzi tutto ricordare che ogni contatto sociale è una potenziale fonte. Per dare un'idea di quanto questo principio sia vero, vale la pena rammentare che buona parte, se non la maggioranza, delle conoscenze poste in questo scritto non sono frutto solo di studio appassionato, ma soprattutto di indicazioni provenienti, in particolar modo, dalle mie relazioni personali: è discutendo con psicologi, sociologi, biologi, che buona parte delle mie competenze sono nate e si sono sviluppate. Allo stesso modo, gran parte del mio bacino di potenziali fonti è costituito da tutte le persone con cui collaboro, dagli analisti e studenti che formo al personale di istituzioni e aziende che incontro in svariate occasioni: è il principio del biglietto da visita, che ancora oggi è valido e non è stato affatto sostituito dal digitale. Spiego meglio: anni or sono era buona pratica, in tutte le occasioni professionali, avere una scorta di biglietti da visita da dare a tutte le persone cui si stringeva la mano e ci si presentava. Questa pratica comportava, automaticamente, la ricezione del biglietto da visita della controparte, il che costituiva, a tutti gli effetti, un'autorizzazione a contattare successivamente, per qualsivoglia motivo, l'interlocutore, dato che nel biglietto erano presenti almeno e-mail e numero di telefono. Si obietterà che oggi è possibile farlo attraverso degli appositi social media, in particolar modo LinkedIn, ma così non è. Vediamo perché.

Una delle esperienze sul campo in cui ho condotto alcuni studenti è stato "incravattarli", come si dice dalle mie parti, e portarli a un convegno di security manager. Partecipare a occasioni simili è estremamente importante tanto per un professionista quanto per un operatore HumInt. Quando si inizia, si è isolati. Progressivamente, facendo costantemente presenza, si verrà salutati e ci si potrà presentare. Dalle prime occasioni in isolamento, si passerà allo scambiare qualche parola con 2, 3, 4 persone, fino poi alla dozzina e poi alle dozzine. Già al livello di dozzina, sarà estremamente difficile ricordare nomi e cognomi da cercare sui social, e questo non corrisponderà comunque a un'autorizzazione a contattare privatamente e garbatamente quella persona. Diversamente, lo scambio del biglietto da visita permette ancora di farsi ricordare, dando la possibilità al contatto di trovare conferma di un precedente incontro. Potrà sembrare vintage, ma decisamente il biglietto da visita è ancora oggi, per quanto mi riguarda, uno strumento imprescindibile che, per altro, va opportunamente tarato nella sua forma e comunicazione.

Costituito questo bacino (che deve andare ben oltre il numero di Dunbar precedentemente citato), l'operatore dovrà selezionare le proprie fonti sulla base di diversi parametri, che non possono essere gerarchizzati in maniera assoluta, ma dovranno di volta in volta avere la priorità in base alle necessità informative, alle tempistiche, e altro. Sul piano meramente teorico, una fonte dovrebbe essere selezionata in base alla sua affidabilità e alla veridicità delle informazioni che può avere e rilasciare. Nella pratica, questo non è quasi mai possibile, in primis perché l'affidabilità della fonte si misura su base storica, mentre la veridicità delle informazioni che rilascia, essendo una fonte umana, è sempre relativa e va confermata. Quando dico che è relativa intendo dire che, mentre nelle operazioni illegali le fonti umane trafugano documenti (quindi, per così dire, qualcosa di oggettivo), nell'ambito civile e legale le fonti rilasciano per lo più informazioni sui contesti necessariamente mediate dalla fonte stessa, il che significa che ogni informazione è processata da meccanismi che vanno dalla dissociazione alla dissonanza e altri, passando in particolar modo dalla memoria selettiva: tutti meccanismi che rendono le fonti umane sempre da prendere con la giusta dose di sale, a meno che non parlino di fatti appurabili (il che comunque non esclude che questi siano interpretati a proprio modo da ogni individuo). Quindi, quali altri parametri posso usare?

Un'altra risposta ovvia dovrebbe essere la capacità della fonte di accedere alle informazioni. Va da sé, per esempio, che se devo supportare la *preparazione informativa dell'ambiente operativo* per una missione commerciale in Pakistan, cercherò informatori tra ONG, ricercatori e simili che sono stati sul campo, perché hanno avuto accesso a una serie di dati che possono supportare la mia attività. Ma tra tutti questi, chi? Personalmente tendo a selezionare i contatti sulla base della personalità, in particolar modo coloro che sono disponibili, collaborativi, dalla mente aperta e, soprattutto, profondamente curiosi e complessi. Diremmo anche, delle "portinaie". Per spiegare quest'ultimo concetto conviene utilizzare una metafora cinematografica a tema OsInt. Nel film del 1997 *Men in black*, quando l'Agente K addestra l'Agente J, lo porta in edicola e gli spiega come tra le fonti migliori vi siano i giornali scandalistici. Ecco, allo stesso modo, in Italia, se volete sapere cosa succede nella "scena" parlamentare, dovete saper leggere tra le righe *Dagospia*. Nell'ambito delle fonti umane, succede qualcosa di simile, dovete trovare non solo il *barbiere del paese*, ma in particolar modo il rossiniano *Barbiere di Siviglia*, la portinaia appunto. Ovviamente, ci sono in genere due tipologie di portinaia: quella che "sparla", per via di tratti di personalità che diremmo superficialmente tendenti all'invidia, e la portinaia che tende a sapere tutto di tutti per dei tratti di curiosità e di personalità controllante. Quest'ultima fa al caso nostro.

Inevitabilmente, tra queste personalità, dovremmo ulteriormente selezionare secondo la capacità di limitare i bias cognitivi, le sfumature interpretative, la neutralità e l'oggettività, e via discorrendo.

Stabilizzare la fonte tra menzogna ed etica, manipolazione e verità

Se pensiamo alle parole "menzogna" e "manipolazione" – soprattutto in un'epoca come la nostra, dove va fin troppo di moda parlare di *fake news* – inevitabilmente pensiamo a qualcosa di esclusivamente negativo. Sensazione errata, direi. In due libri piuttosto interessanti e che sono tra le fondamenta di quanto sto scrivendo – *Le armi nascoste della manipolazione* e *L'arte di mentire a sé stessi e agli altri* – gli autori, rispettivamente lo scienziato della comunicazione Christophe Carré e lo psicologo Giorgio Nardone, cominciano la propria trattazione partendo proprio dall'ambiguità, l'originale neutralità di questi due termini. La menzogna e la manipolazione, il mentire e il manipolare, sono infatti due concetti portanti della comunicazione e della socialità sia in natura che in cultura. Esistono, cioè, sia nel mondo naturale che nell'interazione culturale umana, invero nella nostra capacità di articolare relazioni complesse. Non è un caso che Baudrillard definisse la seduzione menzogna e che l'antropologa Helen Fisher nel suo *Why we love* (riassunto delle sue ricerche con un team di neuroscienziati sulle relazioni di coppia) indirettamente punti alla nostra capacità di mentire (a noi e al/la partner): i rituali di accoppiamento nel mondo animale sono pieni di manipolazione e menzogna, così come lo sono le tecniche di sopravvivenza e di caccia. Insomma, menzogna e manipolazione sono una questione di natura, di perpetrazione della specie, e preso per vero l'assunto che ciò che è naturale è anche legittimo, non possiamo non ammettere che si possa mentire e manipolare per giusti fini, con etica.

Un operatore HumInt dovrebbe riflettere a lungo sulla questione: dove dovrebbe porre i limiti della manipolazione e della menzogna? Io l'ho fatto e continuo a farlo, costantemente, conscio del fatto che molti psicologi definirebbero la mia personalità manipolatoria. Quando mi è successo la prima volta, cioè quando sono stato messo di fronte al fatto che tendevo a manipolare le persone attorno a me, ho dovuto confrontare quest'affermazione con l'immagine di me che avevo costruito nella mia mente, la narrazione di me. Un operatore HumInt, infatti, esplora il pensiero umano degli altri, ma per farlo dovrebbe essere sempre conscio della necessità di rivedere, continuare a esplorare il proprio pensiero, la propria psiche, le proprie emozioni. Ho dovuto affrontare una profonda rivista del mio passato e dei miei comportamenti, dei miei "agiti" direbbe un terapeuta, e confrontarli con quelli che ritenevo essere esempi di manipolazioni, e talvolta menzogne, positivi, guidati invero da fini eticamente validi, giusti. Un terapeuta, a grandi linee, manipola il paziente, e può farlo per la salute del paziente, quindi per una causa giusta. Un genitore manipola i propri figli per educarli, o meglio, come piace dire a me, per addestrarli alla vita, quindi per una causa giusta, anche se spesso incorre in notevoli errori che i figli pagheranno (dal terapeuta). Anche i politici, mediamente, mentono e manipolano. Si direbbe, qui, che ciò è ingiusto e sbagliato, e sarebbe, opinione personale, piuttosto ingenuo: la verità, per il sottoscritto, è che un politico ha talvolta dei doveri atroci e per portarli a termine deve mentire e manipolare, perché le decisioni, quelle della vita reale, comportano sempre perdite e non a tutti si possono spiegare in tutta onestà: possiamo dire ad alcuni che la situazione in guerra è critica e avremo molte perdite; ad altri, purtroppo, dovremo dire qualcosa di diverso, manipolando e mentendo, per far sì che il sacrificio di pochi permetta ai molti di sopravvivere.

Il limite che un operatore HumInt pone alla propria arte di mentire e manipolare è soggettivo, purtroppo, e dipende da molte cose: dalla sua educazione, dalla sua filosofia e visione del mondo, dalla sua etica e persino dal suo orientamento politico di base (per esempio, io sono un comunitario, cioè metto il bene dei molti, quindi lo Stato, al di sopra del bene del singolo, mentre un liberale radicale metterà quest'ultimo sopra al bene dei molti).

È piuttosto ingenuo pensare di scrivere in un libro un orientamento etico e professionale oggettivo e assoluto. Soprattutto per chi, come lo scrivente, fa del relativismo un caposaldo strumentale imprescindibile. Per quanto si possa argomentare razionalmente, infatti, un libro tende a impattare, quasi sempre, esclusivamente sulla narrazione che diamo di noi stessi, e mai sui reali comportamenti (gli "agiti" di cui sopra). Insomma, tanto tra i colleghi, quanto tra i lettori, potrebbe esserci chi si racconta di essere molto etico, per poi semplicemente mentire e manipolare esclusivamente per proprio tornaconto materiale, cosa che per chi scrive è estremamente poco etica.

Al di là di dove io abbia posto l'asticella della mia etica a delimitare manipolazione e menzogna, trovo che spiegare quanto sia funzionale porre tale asticella su un maggior approccio etico sia il miglior modo di diffondere, appunto, tale approccio. Se lo scopo è infatti stabilizzare la fonte, fidelizzarla, fare in modo che esponga onestamente ciò che pensa e sa, allora dopo 20 anni di esperienza come operatore, direi che il miglior approccio è quello etico, ovvero limitare menzogna e manipolazione esclusivamente a ciò che può facilitare la fonte stessa.

In soldoni, significa che manipoleremo la fonte per "farla sentire a casa", per "farla sentire in famiglia" e quindi esprimersi senza la paura del nostro giudizio o, peggio, delle potenziali ripercussioni. Il che vuol dire, anche, che la fonte deve avere l'assoluta certezza che sarà protetta dalla nostra riservatezza (circa la sua identità, non circa le informazioni che ci dà). Per ottenere questo effetto, come vedremo, sarà necessario esporsi, e questo comporta la questione della menzogna: quanto mentire pur di dare l'impressione alla fonte che siamo sulla stessa lunghezza d'onda? La risposta, per quanto mi riguarda, è il meno possibile. Fermo restando infatti che tutti mentiamo, a noi stessi e agli altri, in continuazione, ancorché con differenti qualità e quantità, il punto è convincere la fonte che di fronte ha una persona vera e sincera. E il miglior modo per farlo, semplicemente, è esserlo.

Un buon operatore con un minimo di esperienza (ce ne sono molti) e una cultura decente (ce ne sono pochissimi), ora entrerebbe a gamba tesa con il *metodo Stanislavskij*. Per chi non lo conoscesse, si tratta di un metodo attoriale fondato sull'approfondimento psicologico del personaggio da parte dell'attore. Volgarmente presentato in molte serie e film come una semplice immedesimazione (mi vengono in mente due esempi comici: una puntata dei *Simpsons* in cui un attore professionista si affianca ad Apu del Jet Market per comprendere la vita del commesso, e la magistrale prova di Marco Giallini nella serie *Boris*), in realtà il metodo si fonda sulla capacità dell'attore di esplorare la psiche del personaggio e ricongiungerla alla propria esperienza intima. Insomma, il *Lavoro dell'attore su se stesso* e *Il lavoro dell'attore sul personaggio*, come dicono i titoli dei libri di Stanislavskij, non si fondano sulla menzogna, ma sull'interpretazione attraverso l'identificazione, un riportare l'essenza della maschera attoriale alla sua essenza originale nel dramma mitico: le maschere, infatti, non hanno il ruolo di renderci qualcosa di diverso, ma di mostrare una parte di noi che non tiriamo mai fuori.

Mi rendo conto che quanto detto potrebbe risultare estremamente astruso e poco pratico, motivo per il quale consiglio sempre agli operatori più giovani di intraprendere dei laboratori teatrali. Il punto è che questo mestiere, tra le molte cose, si fonda innanzi tutto su due capisaldi: la sensibilità e l'empatia. Senza queste, non può esserci una profonda comprensione della fonte, e potete aver letto tutti i manuali *yankee* sull'identificazione della menzogna e fatto tutti i master che volete: non comprenderete l'altro/a, tanto meno saprete come sollecitarlo a parlare o capirete se sta mentendo.

Strumenti

Arte, Scienza, addestramento

Ho sempre provato un'ammirazione per quelli che chiamo "dialoghi strategici" nella letteratura. Per dialoghi strategici intendo quello scontro di menti durante un colloquio tra personaggi di un'opera, in cui i due contendenti duellano e l'autore descrive i pensieri degli stessi, mostrandone le intenzioni e la razionalità. Tant'è che anni or sono, diciamo nei primi anni di carriera, notai come io fossi quasi automatizzato, istintivo nel gestire i colloqui e non riuscissi ad intrattenere nella mia mente delle lunghe analisi sul mio interlocutore alla Nicolas Eymerich, il personaggio di Evangelisti, o, per fare un esempio più noto, simili alle comparazioni uomo-animale tipiche del Giallini di Rocco Schiavone (e al suo alter ego letterario). La verità è che una narrazione è sempre diversa dalla realtà. Per quanto un operatore sia rapido nel pensare, non potrà mai svolgere un'analisi puntuale mentre dialoga, almeno non razionalmente. Durante un colloquio, infatti, l'operatore deve svolgere molteplici attività:

tenere d'occhio il setting (cioè l'ambiente scelto per l'incontro), registrare il linguaggio del corpo dell'interlocutore, praticare l'ascolto attivo, rispondere alle domande e porne di proprie, e molto altro. Se per ognuna di queste attività si sofferma ad analizzare in maniera logica e puntuale i particolari, semplicemente il colloquio si inceppa.

Quando ho cominciato a riflettere su questo problema, mi è tornato in mente il mio addestramento al tiro. Il colloquio con la fonte è *de facto* molto simile a uno scontro a fuoco: gli eventi si svolgono in rapida successione e sono ben diversi rispetto alla narrazione di un film: tutto accade in secondi, non in minuti, non c'è un narratore che spiega, né la nostra mente può analizzare ogni particolare, ancorché possa registrarlo. L'addestramento, in particolar modo quello per gli scontri a fuoco, si fonda sull'automatizzazione dei comportamenti: devo ripetere una sequenza di reazioni a degli stimoli esterni che mi permettano di raggiungere il mio scopo: sopravvivere e rispondere alla minaccia. Tale sequenza, superficialmente, è:

- percepisco la minaccia (il mio udito viene attivato dal fuoco nemico);
- reagisco ponendomi in copertura per mitigare la minaccia;
- individuo la fonte della minaccia;
- rispondo al fuoco.

Tutto questo avviene a livello istintivo. Se mi fermassi a pensare a ogni punto di questa lista, non sopravvivrei. Allo stesso modo, durante un colloquio, se mi soffermo a pensare a ogni domanda e risposta, a ogni azione e reazione corporea della fonte, perderei il filo del discorso e la fonte ne risentirebbe.

Per comprendere il reale funzionamento di un utopico "colloquio perfetto", dobbiamo definire le operazioni HumInt (e l'intelligence più in generale) come una commistione di arte e di scienza. Significa, brutalmente, che un buon operatore deve avere talento e deve avere tecnica. Il talento è innato, ma va raffinato. Le tecniche vanno imparate o meglio bisogna addestrarsi. Addestrarsi significa svolgere centinaia di volte, esperire costantemente, finché i processi logici non diventano, letteralmente, istintivi.

Ora, la domanda sorge spontanea: come faccio ad addestrarmi? Per quanto concerne il tiro, posso simulare (le cosiddette esercitazioni a fuoco). Un istruttore spara, io reagisco. Lo faccio (anzi, dovrei, perché purtroppo nella realtà militare di oggi non avviene) dozzine di volte, il mio istinto di sopravvivenza mi aiuta, e conseguentemente sono preparato. Con i colloqui purtroppo non sempre le simulazioni sono funzionali. Ci sono quindi due modalità addestrative che consiglio agli studenti. La prima è quella di sfruttare ogni occasione quotidiana, a cominciare dal bar dove fate colazione tutti i giorni: siate "portinaie". Imparate a far parlare le persone che incontrate nella vostra quotidianità. Questa pratica vi aiuterà a raffinare le vostre abilità attive, cioè la capacità di stimolare l'interlocutore. L'altra (e le due non sono mutualmente esclusive, anzi, vanno integrate) è condurre i colloqui con un collega: uno conduce il colloquio, l'altro lo osserva e prende appunti (possibilmente mentali). Questa modalità vi darà modo – inizialmente – di non dovervi concentrare sui particolari e lasciare libero il vostro cervello di condurre il colloquio, registrando sullo sfondo ciò che avviene, per poi condurre col collega una rivista di quanto avvenuto, confrontando la vostra personale registrazione con la sua e quindi analizzando il tutto.

Conoscere la fonte, I: Stereotipi, generalizzazioni, complessità.

Conoscere la fonte è *conditio sine qua non* per ottenere informazioni. Come abbiamo visto, possiamo avere un contatto rapido o un contatto lento con ogni fonte: in entrambi i casi dobbiamo sviluppare più conoscenza possibile, ancorché, come ovvio, il contatto lento sia maggiormente portato a una conoscenza più approfondita e, conseguentemente, a una trattazione migliore dell'individuo.

Noi occidentali riceviamo sin dall'infanzia un'educazione che potremmo definire "aristotelica": tendiamo ad applicare in maniera automatica un incasellamento di persone, cose ed eventi, insomma classifichiamo tutto spesso in categorie troppo rigide, il tutto basandoci su princìpi quali quello di non contraddizione e il *tertium non datur*. Questa tendenza – assente in altre culture, in particolare in quelle orientali – limita sia la nostra capacità di comprendere la complessità, sia quella di arginare i nostri bias cognitivi, portando quelle che dovrebbero essere euristiche "flessibili", cioè generalizzazioni funzionali, a essere degli stereotipi. Una generalizzazione è infatti una classificazione generale, una sorta di media, mentre uno stereotipo tende a essere un giudizio assoluto che ci induce in errore. Facciamo un esempio: gli italiani e il calcio. Lo stereotipo dice: "tutti gli italiani amano il calcio", mentre la generalizzazione recita "mediamente, un italiano ama il calcio". L'assolutismo della prima affermazione ci induce in errore, mentre il relativismo della seconda ci induce a considerare le eccezioni. Comprendere questa solo apparentemente sottile differenza è fondamentale per un operatore, perché lo tiene sul "chi va là" ogni qual volta debba collocare una fonte in categorie o mappature che lo aiutino a comprenderla.

Uno dei testi che definirei fondamentali della mia gioventù è stata la Bhagavadgītā, il Canto del Beato, un estratto del poema epico indiano Mahābhārata. Il testo si incentra sul dialogo tra il discepolo, il principe guerriero Arjuna, e il dio Kṛṣṇa, che lo istruisce sui suoi doveri spirituali di guerriero. Una delle parti più interessanti è la dottrina sulle qualità costituenti l'essenza spirituale degli esseri umani, che rappresenta una sorta di primitiva psicologia della personalità: i tre *Guṇa*. Ora, apparentemente e in alcune pessime esegesi del testo, le tre qualità in questione sono lette in maniera estrema. Nella realtà del testo, questi sono invece tre "ingredienti" costituenti tutti gli esseri umani, che ne determinano, in base alla "quantità", la natura tendenziale. Questi sono:

- *tamas*, l'oscurità, che rappresenta la natura più animale dell'uomo, il suo attaccamento alla vita, al vizio, al piacere, il suo legarsi al qui e ora, l'egoismo materiale;
- *rajas*, che rappresenta la passione, la dinamicità, la potenza in atto, l'eros e la furia, il cuore;
- *sattva*, che rappresenta la virtù, la purezza, la parte più divina, illuminata della natura umana, la razionalità.

Apparentemente sono categorie molto larghe e superficiali, ma se utilizzate appunto come "ingredienti", possono dare vita a una complessità di lettura della natura umana che davvero si avvicina alla psicologia della personalità come sviluppata recentemente. Ho voluto iniziare il discorso sulla mappatura della personalità della fonte da qui perché proprio il discorso degli "ingredienti" si lega alla complessità. Il punto non è quanti tratti compongano un essere umano, ma come questi siano dosati (in psicologia si direbbe che il punto non è l'avere il tratto di personalità narcisistica, ma quando e come, in quale dose, questo diventi patologico), il che da una parte ci permette delle generalizzazioni, ma dall'altra ci costringe a contemplare costantemente delle eccezioni a queste regole classificatorie, dando merito a ogni individuo di essere unico, ancorché non speciale: abbiamo tutti lo stesso DNA, eppure siamo tutti diversi.

Queste considerazioni mi hanno portato a sviluppare una prima classificazione degli individui, quindi delle potenziali fonti, in due categorie: a bassa o alta complessità. Il termine complessità non è lì a caso, serve per ricordare che, per quanto alcuni individui siano "meno complessi" di altri, comunque sono complessi, il che significa che potrebbero sempre coglierci di sorpresa con una azione o una reazione inaspettata. Se partiamo da questo presupposto, funzionalmente e operativamente, limiteremo in modo automatico la nostra tendenza a passare dall'euristica – la generalizzazione – allo stereotipo, il bias cognitivo.

La società occidentale contemporanea, oggi, tende a confondere la cultura accademica, intesa come insieme di nozioni, con le capacità cognitive e la personalità degli individui, cosa che non corrisponde al vero. Scrivo ciò perché la tendenza istintiva, quando spiego gli individui a bassa e alta complessità, è di pensare a individui ignoranti e individui istruiti. Nulla di più sbagliato. Una regola generale vorrebbe, infatti, che un individuo maggiormente istruito, diciamo un laureato, presenti una complessità di pensiero e di personalità maggiormente sviluppata rispetto a un diplomato di un istituto tecnico. Benché lo scrivente abbia una visione molto gentiliana della formazione, nella realtà questa considerazione è semplicemente errata. La complessità di un individuo, intesa come la quantità di regole e di attori esistenti e interagenti nel sistema "essere umano" e generanti le sue azioni e reazioni, non dipende infatti in maniera diretta né dalla quantità di nozioni né dalla quantità di esperienze che questo ha acquisito ed esperito nell'arco della sua esistenza. Queste, ovviamente, hanno un impatto, ma la differenza diretta la fa quella che potremmo definire "consapevolezza di sé e del mondo". All'atto pratico, un individuo con la sola licenza media, ma che ha affrontato dei lutti e un divorzio e che ha deciso di elaborare queste esperienze traumatiche attraverso una psicoterapia, è probabilmente più complesso di un dottore di ricerca che, finanziato dalla famiglia, ha viaggiato in lungo e in largo per il mondo, ma che per superficialità o mancanza di sensibilità non ha mai elaborato tali esperienze, applicando costantemente quei meccanismi che – pur basilari – possono diventare disfunzionali, quali dissociazione e dissonanza cognitiva.

Sulla base di quanto detto, posso dire che – generalmente – gli individui a bassa complessità sono coloro che hanno al proprio interno meno interazioni, meno nodi, meno stimoli, meno motivazioni, e che quindi, essendo meno consapevoli, tendono a rispondere per lo più a meccanismi basilari della personalità. Sono quegli individui che nel Canto del Beato rispondono alla qualità tamas. Gli individui ad alta complessità, di contro, rispondono a una quantità maggiore di attori interni, sia emotivi che razionali, dando origini a un numero problematico (per chi li tratta) di possibili azioni e reazioni, necessitando quindi di una conoscenza maggiormente approfondita.

Questa prima classificazione è per me estremamente importante perché mi dà la misura di cosa aspettarmi dalla fonte e da quante risorse devo spendere per trattarla e stabilizzarla. Maggiore è la complessità, maggiore è la conoscenza che necessito di quell'individuo.

Conoscere la fonte, II: modelli di psicologia della personalità.

La mappatura del contatto è imprescindibile per sollecitare le risposte che cerchiamo. Tale attività deve necessariamente cominciare prima dell'effettiva interazione e, possibilmente, non fermarsi mai, poiché nel tempo la personalità, le motivazioni e i meccanismi cognitivi di un individuo possono cambiare, evolversi o regredire, farsi più o meno complessi. La psicologia della personalità, o meglio le scuole o approcci della psicologia della personalità ci vengono in aiuto in questa attività. Ora, se fossi un accademico nell'ambito di cui sopra, dovrei necessariamente limitarmi a esporre un solo approccio. Tuttavia, essendo un "pratico" e volendo essere questo scritto pragmatico, opterò invece per un veloce "quadro della situazione" affinché il lettore scelga la via che trova più funzionale. Se mi si chiedesse quali di quelle che verranno esposte è la più funzionale, si badi bene, risponderei che dipende dalla situazione, da chi applica, dal soggetto a cui è applicata. La verità è che, personalmente, tendo a utilizzare un po' tutto, il che mi permette, ancora, di valutare la diversità del soggetto piuttosto che l'aderenza a dei canoni che, talvolta, possono risultare troppo stretti.

Cominciamo identificando di cosa stiamo parlando, usando la definizione di Caprara e Cervone del 2000: «la personalità è quel complesso insieme di sistemi psicologici che contribuiscono all'unicità e alla continuità della condotta e dell'esperienza individuale, sia come viene espresso sia come viene percepito dall'individuo e dagli altri». Un insieme, quindi, che distingue un soggetto dall'altro e che dà il senso dell'identità di ciascuno.

Esistono, come detto, vari "filoni" di studio della personalità; vediamoli, associando ad ognuno alcune teorie e concetti portanti:

- il filone dei tratti, in cui la personalità dipende da fattori innati e stabili, genetici; a tale filone sono afferenti le teorie dei *Big Five* e il modello PEN;
- situazionismo e interazionismo, in cui vi è una massiccia influenza della psicologia sociale e delle teorie cognitivo-comportamentali, in cui la personalità è formata e influenzata dall'ambiente e, conseguentemente, dai "rinforzi" (i sistemi di azione e reazione, risultato delle azioni, etc.); qui troviamo il comportamentismo radicale, l'apprendimento sociale, il condizionamento operante, etc.;
- l'approccio sociocognitivo, anche questo fortemente influenzato dalla

psicologia sociale e dall'antropologia, in cui la personalità dipende dai pensieri e dall'interpretazione dei contesti sociali e culturali; qui troviamo le teorie dei valori, degli stili esplicativi, delle aspettative, etc.;

- il filone psicoanalitico, secondo il quale la personalità si sviluppa in base ai conflitti intrapsichici, generati da inconscio e psicologia dell'io;

- il filone fenomenologico-umanistico, dove la realizzazione di sé, la vicinanza tra il sé ideale e il sé reale hanno estrema importanza: esempio tipico di questo approccio è la piramide dei bisogni di Maslow.

Il modello dei *Big Five* è forse oggi uno dei più utilizzati; quindi, vale la pena sempre di approfondirlo. Tutte le teorie dei tratti, ancorché differiscano, concordano sul fatto che questi siano disposizioni innate che spiegano il comportamento assunto in buona parte delle situazioni da un individuo. Il che spiega anche perché, pur ritenendo questo approccio un imprescindibile punto di partenza per la nostra mappatura, il sottoscritto trovi lo stesso limitante: tende infatti a non concepire – almeno durante l'utilizzo pratico – una quantità impressionante di variabili che impattano sull'evoluzione dei comportamenti. McRae e Costa, creatori del modello dei *Big Five*, individuano 5 superfattori in grado di spiegare le diverse personalità:

- coscienziosità: identifica il grado di organizzazione, persistenza, affidabilità e scrupolosità o, di contro, la negligenza, la noncuranza, la volubilità;

- amabilità: la modalità di porsi in relazione agli altri, dall'essere accettanti, cordiali, cooperativi, o all'opposto cinici, egoisti;
- nevrocitismo: instabilità o stabilità emotiva;
- apertura mentale: curiosità, creatività, immaginazione oppure convenzionalità, tendenza conservatrice o a uniformarsi;
- estroversione: la misura della necessità di stimoli, socializzazioni o, al negativo, l'introversione, la tendenza all'essere chiusi e riservati.

I tratti vengono poi posti in una struttura gerarchica, ovvero ad ogni superfattore corrisponde una sottodimensione, che scompone ulteriormente il fattore, cui poi corrispondono comportamenti abituali e comportamenti specifici.

Nell'ambito dell'approccio sociocognitivo, un modello interessante è il CAPS di Mischel e Shoda: secondo questi – come abbiamo visto più in generale per il filone corrispondente – la personalità dipende dall'interazione tra persona e ambiente, configurando reazioni interne che impattano sul comportamento. Il modello si fonda sulle unità cognitivo-affettive:

- strategie di codifica: categorie per sé stessi, gli altri, eventi e situazioni;
- aspettative e credenze;
- reazioni emotive;
- obiettivi e valori, inclusi progetti di vita personali;
- competenze e autoregolazioni, ivi inclusi potenziali comportamenti e

strategie per organizzare le proprie azioni, successi e fallimenti.

Queste unità derivano, dipendono e allo stesso tempo fondano le risposte a 5 quesiti fondanti:

- come sembra a me? Come cioè percepiamo;
- Cosa succederà?
- Come mi sento?
- Che cosa vale la pena di fare?
- Che cosa so fare e come lo devo fare?

Il vantaggio di questo modello è che risulta maggiormente dinamico rispetto ai *Big Five*, cioè prevede il cambiamento e l'evoluzione al cambiamento interno del soggetto e delle condizioni ambientali.

Particolarmente interessante, per chi scrive, è la teoria degli schemi e, in particolar modo, degli schemi di sé. Oramai, infatti, si tende a prendere per certa l'ipotesi che le persone costruiscano complesse strutture cognitive dettate dalle modalità e dagli eventi attraverso cui sperimentano il mondo e le esperienze. Lo scopo di queste strutture è di chiarire situazioni ambigue, scegliere tra le informazioni disponibili e cercare informazioni necessarie: delle euristiche particolarmente complesse, in fin dei conti. Tra i molti schemi che possediamo, il "perno" centrale di tutti è lo schema del sé, che codifica, integra, evolve e assimila le informazioni relative a noi stessi. Questo è lo schema che, secondo molti, regola la nostra personalità e si fonda sul quesito: chi sono io? A sua volta lo schema si compone di varie versioni del sé, che rispondono alle nostre aspettative e a modelli comportamentali (i sé possibili), nonché, come previsto dalla teoria della Discrepanza del sé, il sé reale/attuale, il sé ideale (ciò che vorremmo essere) e il sé imperativo (ciò che dovremmo essere secondo noi e gli altri). Questo approccio, per quanto mi riguarda, è particolarmente interessante perché la discrepanza tra la narrazione di sé e il sé reale può davvero dire molto su un individuo, e su questo torneremo nella parte pratica a proposito di social media.

Conoscere la fonte, III: Motivazione

Vigeva un tempo – ed è certamente ancora attuale – l'acronimo M.I.C.E., stante a significare le motivazioni che portavano un individuo a "passare al nemico", in particolar modo nell'ambito delle operazioni *covert*. *Money, Ideology, Compromise, Ego*: si tradiva, si passava al nemico, per denaro, ideologia, compromesso (anche forzato, da ricatto), per ego. La perfetta incarnazione dell'acronimo erano le *honey traps*, le trappole al miele: in un mondo incarnato nella maggior parte dei casi da uomini, le donne, con corollario di sollecitazioni piacevoli e ricatti, erano davvero un'arma poderosa nelle azioni di spionaggio e controspionaggio. Per quanto rozzo, l'acronimo era estremamente funzionale, e certamente può ben aprire questa breve introduzione alla motivazione nella psicologia delle differenze individuali, un perno fondamentale, una pietra angolare dell'individuo che il nostro operatore deve conoscere.

Dal latino *motus*, la motivazione è ciò che ci spinge all'azione, sia essa attrazione o spinta, che si sia mossi o si scelga, il punto è che c'è un qualcosa che ci mette, appunto, in moto. Dal punto di vista della psicologia si parla di modulo, invero cosa vogliamo, l'obiettivo, di direzione, e verso, vale a dire se intendo affrontare una situazione o, eventualmente, evitarla. Per spiegare meglio il verso, possiamo prendere come esempio una tipica situazione in cui viene messa alla prova la nostra comfort zone: alcuni possono essere motivati ad affrontarla per "esplorarsi", altri a evitarla proprio per non scoprire i lati più reconditi di sé.

Nell'ambito, si possono anche distinguere i tre stati di motivato, demotivato e non motivato. Ovviamente stanno per "agire perché motivato", "non agire perché motivato" e "non agire perché privo di motivazione". Come potete immaginare, già identificare in quale stato si ponga una fonte ci concede una conoscenza e un vantaggio informativo non indifferente.

Tra le varie teorie sulla motivazione, possiamo trovare sicuramente dei motivi intesi come impliciti, praticamente dei tratti innati, tra i quali in genere si pongono riuscita, che porta ad agire per esperire il successo, l'affiliazione, radicato nel bisogno di interazione e di essere accettati, il potere, radicato nella necessità di autoaffermazione e che si manifesta nel voler controllare o influenzare persone ed eventi, nonché ottenere prestigio. A margine, estremamente interessante (e oggi piuttosto "in voga") è il *sensation seeking*, l'essere motivati dal bisogno di nuove sensazioni, che porta ad agire in ambienti e situazioni rischiose.

Un forte impatto sulla motivazione individuale lo ha anche la percezione della competenza, che genera automaticamente l'affrontare o l'evitare specifiche situazioni. La competenza – e la sua percezione – deriva da un innato bisogno di padroneggiare l'ambiente, il contesto, le azioni e reazioni. Lo sviluppo della motivazione alla competenza deriva e viene influenzato massicciamente dall'esperienza. Si parte da tentativi di base di padronanza dell'ambiente, sin dall'infanzia, e a seconda non tanto dei risultati, quanto del percepito (pensate a dei genitori che non lasciano mai tentare il bambino quale percezione di incapacità può regalare all'infante) ci portano a significative variazioni nelle successive situazioni circa il provare o meno ad agire, a padroneggiare ciò che sta succedendo.

La nostra percezione della competenza, o meglio il nostro bisogno, viene poi esplicato nella *self determination theory*, che identifica tre bisogni psicologici fondamentali per la motivazione: competenza – che abbiamo già visto -, autonomia (nello scegliere per sé compiti, temi e modalità delle azioni) e relazione (costituire legami sociali che ci facciano sentire approvati e inneschino dinamiche *in-group*). La competenza sostiene la motivazione di fronte, in particolar modo, alla difficoltà; l'autonomia fa emergere il senso di responsabilità, la relazione crea il senso del proprio agire.

Se ampliamo la *self determination theory* alla psicologia della personalità, vi è una massiccia tendenza a spostare il focus sulla scelta individuale, una sorta di costruzione della personalità. Personalmente trovo la teoria affascinante e certamente in parte vera: è assolutamente possibile scegliere di cambiare, ma all'interno di limiti – opinione personale – predeterminati.

Altro elemento impattante sulla motivazione sono le convinzioni, costrutti sociali, culturali e individuali in cui crediamo fermamente, che influenzano la nostra identità e anche le già menzionate discrepanze dei sé.

Ora, la motivazione è duramente messa alla prova quando affrontiamo una situazione in termini di successo e insuccesso. Ogni volta che otteniamo un successo siamo maggiormente motivati, ogni volta che otteniamo un insuccesso, tanto la nostra motivazione quanto le nostre convinzioni, vengono messe a durissima prova. A ogni risultato, ma certamente con un maggiore peso quando si tratta di insuccesso, tendiamo a voler dare una spiegazione, si parla quindi di attribuzione e di stili attributivi. Possiamo in tal senso, innanzi tutto, parlare di locus di controllo, interno o esterno: il locus è interno quando attribuisco successo o insuccesso a caratteristiche e azioni mie, personali, mentre è esterno quando attribuisco il risultato a eventi, persone, vere o immaginarie, esterne. Gli stili attributivi vengono poi detti Impegno, Impotente, Negatore, Pedina, Abile.

Si parla di Impegno quando il risultato si riconosce essere conseguenza di presenza o assenza di perizia, abilità e impegno; Impotente è invece lo stile che vede l'individuo attribuire il risultato alla mancanza di capacità e competenza in caso di insuccesso, e a cause esterne in caso di successo; il Negatore è lo stile che porta a credere di riuscire anche senza impegno e che quindi l'insuccesso sia dovuto a cause esterne (vi è, quindi, la mancanza del riconoscimento dell'importanza della capacità, dell'abilità, dell'impegno); lo stile pedina è quello che vede sempre il risultato, positivo o negativo che sia, come conseguenza di cause esterne; infine l'Abile è colui che è convinto di essere competente in alcuni casi e incompetente in altri.

La serie di successi e insuccessi che creiamo nella nostra vita tende a farci sviluppare delle tendenze comportamentali di fronte alle nuove "sfide", definite stili di *coping*: strategico, evitamento, sociale, emotivo.

Il coping strategico è la tendenza ad affrontare le situazioni cercando strategie e analizzando il problema; l'evitamento è il cercare di non pensare al problema, anche abusando di distrazioni che possono andare dagli abusi di farmaci e droghe, al blando riempire la vita di distrazioni; il coping sociale è la tendenza a condividere il problema, la situazione, con altri, cercando consiglio e approvazione; infine, lo stile emotivo è la tendenza al ripensare la situazione accettandola, talvolta anche affidandosi a ispirazioni di tipo religioso.

Cognizione e comportamento

La scuola di psicologia, o meglio, di terapia, cognitivo – comportamentale ha una sua specifica utilità nella formazione e azione dell'operatore HumInt, poiché permette di prendere confidenza – e conseguentemente di prevedere, e in alcuni casi impattare su – con i comportamenti e le strategie cognitive della fonte. Il modello cognitivo postula – sinteticamente e superficialmente – che il modo in cui percepiamo la realtà influenza inevitabilmente tanto le emozioni quanto i comportamenti, in particolare attraverso pensieri che sorgono spontaneamente e rapidamente al di là della nostra consapevolezza, chiamati "pensieri automatici". Nell'ambito della terapia, il persistere di questi pensieri in modalità disfunzionale e, quindi, la generazione di pattern comportamentali, è definita "distorsione cognitiva". Le 12 distorsioni cognitive più comuni sono interessanti da menzionare, perché aiutano l'operatore sia a focalizzare quali di queste talvolta persistono nel suo pensato e nel suo agito, sia quanto queste si verifichino nelle fonti (il che aiuta molto in sede di analisi, quando sarà necessario isolare l'informazione pura dall'interpretazione della fonte). Vediamole:

- **percezione in bianco e nero**, anche "tutto o nulla" o "polarizzata", invero considerare le cose in termini mutualmente esclusivi;
- **catastrofizzazione** o "predizione nel futuro", inteso come costante previsione negativa del futuro (spesso questa distorsione va di pari passo con la fallacia logica del piano inclinato);
- **squalificazione del positivo**: minimizzazione in termini di rilevanza degli aspetti positivi delle azioni e qualità;
- **ragionamento emotivo**: applicazione del proprio stato emotivo nella valutazione delle cose;
- **etichettamento**: abbiamo parlato della nostra tendenza occidentale allo stereotipo, ed eccola qua;
- **esagerazione e minimizzazione**: esagerare irragionevolmente il negativo e/o minimizzare il positivo;
- **astrazione selettiva** (o filtro mentale): porre attenzione ingiustificata su specifici dettagli (corrisponde anche al processo di *cherry-picking* in ambito fallacie logiche);
- **lettura del pensiero**: presumere di sapere cosa gli altri stiano pensando senza sostenere un processo critico;
- **ipergeneralizzazione**: indiscriminata conclusione negativa rispetto a quanto realmente presente nella situazione, successivamente applicando la valutazione in senso assoluto:

- **personalizzazione**: attribuzione a se stessi di azioni negative che generano azioni altrui;
- **imperativi**: contemplare un'idea fissa e poco duttile di cosa si dovrebbe fare, con sovrastima delle conseguenze negative nel caso non si ubbidisca all'imperativo;
- **visione tunnel**: vedere esclusivamente gli aspetti negativi della situazione.

Non è un caso abbia menzionato alcune fallacie logiche connesse con queste distorsioni: i due processi sono interconnessi e uno specialista di intelligence dovrebbe sempre avere presente il loro funzionamento. Va detto che i pensieri automatici sono generati dagli schemi o credenze di base, strutture cognitive piuttosto "solide" e alterabili solo attraverso la terapia, che ogni individuo genera al proprio interno in base alle proprie esperienze, in particolar modo durante l'infanzia. Il lettore capirà quindi quanto la potenziale individuazione di tali credenze può aiutare (o danneggiare) la relazione con la fonte, oltre che l'analisi delle informazioni che essa può darci.

Dall'altro lato abbiamo invece la teoria comportamentale, cioè gli studi sull'apprendimento dei comportamenti. Le procedure di apprendimento vengono generalmente divise in apprendimento classico, apprendimento operante e apprendimento osservativo, laddove per apprendimento si intende una modifica al comportamento derivata o indotta da un'interazione con l'ambiente o come risultato di esperienze.

La teoria dell'apprendimento classico, di Pavlov, si fonda sull'interazione tra stimoli e risposte, interazione che può divenire condizionata: associando uno stimolo neutro a uno stimolo incondizionato, posso ottenere per il neutro la medesima risposta che associo all'incondizionato.

L'apprendimento operante si fonda sull'idea che un comportamento si ripeta più spesso quando ad esso viene associato un determinato tipo di conseguenza. I conoscitori di *Big Bang Theory* ricorderanno probabilmente quando Sheldon tenta di educare Penny attraverso il condizionamento operante, premiandola ogni qual volta esegue un'azione a lui gradita. In questo approccio è importante il concetto di "rinforzo", ovvero qualunque evento aumenti la probabilità di emissione dell'operante cui segue. Ci sono vari modi di classificare i rinforzi, ma per lo scrivente il più interessante è la classificazione in base alle caratteristiche dell'evento rinforzante:

- rinforzatori di consumo, associati al bere o mangiare;
- rinforzatori dinamici, associati ad attività piacevoli;
- rinforzatori di possesso, associati a ciò che il soggetto è interessato ad avere;
- rinforzatori di sociali, strettamente legati ai rapporti sociali e quindi a manifestazioni di approvazione, riconoscimento, attenzione sociale.

Il lettore può capire da solo quanto questi concetti possano avere un'importanza vitale nel sollecitare la fonte a comportamenti favorevoli rispetto all'attività informativa.

Ultimo, l'apprendimento sociale, per quanto utile al fine di comprendere soprattutto i comportamenti delle fonti di cultura diversi, ha forse meno importanza dal punto di vista della gestione del contatto: è di base, superficialmente, l'apprendimento tipico presente in natura in tutte le specie animali e definibile come apprendimento per imitazione.

Comunicazione non verbale

Per comunicazione non verbale si intende tutta la comunicazione effettuata attraverso mezzi extralinguistici, e nell'uomo è imprescindibile per esprimersi in maniera completa; al tempo stesso essa fornisce informazioni sul soggetto che comunica, sui suoi stati d'animo, sui livelli di stress e molto altro. Nel tempo si sono sviluppate due scuole di pensiero su di essa: da una parte chi vedeva la comunicazione non verbale come innata, quindi universale, dall'altra chi la leggeva in prospettiva culturalista, cioè necessariamente legata alla cultura del soggetto, quindi relativa. Oggi si tende ad approcciarsi ad essa attraverso una via di mezzo: si presuppone per esempio vi siano strutture universali, come le espressioni del viso, legate a gruppi muscolari specifici, quindi inevitabilmente innati, mentre dall'altra si presuppone che l'ambiente sociale e culturale alteri, plasmi, le modalità e le occasioni in cui tali espressioni vengono sfoggiate. La stessa prossemica, cioè lo studio psicologico dell'individuo nello spazio e la sua gestione, fornisce un'ampia gamma di dati che tendono a sottolineare l'impatto dell'apprendimento sociale, fornendo quindi varie letture che rendono tale parte della comunicazione necessariamente relativa e tutt'altro che universale.

Secondo Bonaiuto e Maricchiolo, nel loro *La comunicazione non verbale*, la comunicazione non verbale è fondamentale per orientare le relazioni sociali e interpersonali. In particolare, essa:

- comunica la relazione: veicola cioè come vediamo, manteniamo, estinguiamo la relazione con il destinatario;
- presenta il soggetto che comunica, cioè invia segnali sulla personalità e sulle attitudini, inibizioni e fattori di stress;
- identifica i rapporti di potere in essere e in potenza;
- differenzia l'identità del comunicatore rispetto al destinatario, ivi incluse le identità sociale e personale, nonché l'identità di genere;
- esprime e riconosce le emozioni.

All'interno della comunicazione non verbale possiamo distinguere vari sistemi comunicativi. Ognuno di questi può darci informazioni importanti sull'interlocutore e, ovviamente, può comunicare nostre informazioni allo stesso. Questi includono *in primis* il sistema paralinguistico, che tratta dei suoni utilizzati per comunicare, a sua volta composto da velocità con cui emettiamo i suoni o le pause, l'intensità o volume della voce, il tono della stessa (basso/acuto), dato dalla tensione delle corde vocali.

Abbiamo poi il sistema cinesico, che si occupa dei movimenti e gesti del corpo. Questo include la mimica facciale, quindi le espressioni del volto, i gesti (in particolare degli arti superiori, ma non solo).

Segue il sistema prossemico e aptico. La prossemica, come detto, si occupa della gestione dello spazio, ed è a mio parere uno dei punti fondamentali, come vedremo, nella gestione del *setting* di un colloquio HumInt. In breve, possiamo distinguere quattro tipologie di spazio interpersonale secondo la prossemica: intima (fino a 50 cm), personale (da 50 a 120 cm), sociale (da 120 cm a 4 m circa), pubblica (oltre i 4 m). Conoscere questi spazi è fondamentali sia per rilassare che per stressare l'interlocutore, nonché per definire il rapporto che a esso ci lega.

L'aptica si occupa invece delle azioni di contatto fisico con gli interlocutori. Il contatto con un altro individuo può essere attivo o passivo (si dà o si riceve, si sceglie di darlo o di riceverlo). Ciascuna modalità di contatto fisico può fornire molte informazioni, basti pensare alla differenza tra una stretta di mano o un abbraccio durante l'apertura di una interlocuzione.

Comunicazione non verbale e menzogna

Come già fatto per le altre discipline e tematiche, è qui impossibile approfondire in maniera esaustiva il tema, poiché per ciascuna è più utile, dopo questa rapida panoramica, approfondire in testi molto più puntuali. Tuttavia, c'è un punto fondamentale su cui sento sempre la necessità di soffermarmi, che vale per tutti i temi toccati, ma per la comunicazione non verbale in particolar modo. Quando ci si approccia alla profilazione di un soggetto, si tende a semplificare, associando un singolo gesto a un significato specifico. Questa tendenza è accentuata da molti manuali di comunicazione non verbale che non si focalizzano sufficientemente sul concetto di *baseline*. La *baseline* è, in sostanza, il comportamento standard di un soggetto. Se non conosco la *baseline*, non posso definire quanto una specifica azione o gesto rappresenti un'eccezione e quindi non posso determinarne con certezza il significato. Diffidate quindi da coloro che vi dicono che le braccia incrociate sono sempre un segno di chiusura rispetto all'interlocutore, o che un nervoso movimento del piede è segno di stress o menzogna: semplicemente non è (sempre) così. La verità è che per "leggere" la comunicazione non verbale di un soggetto (e per esteso, per profilarlo), necessitiamo di una conoscenza quanto meno "decente" dei suoi comportamenti standard, e solo sulla base delle variazioni possiamo leggere significati specifici nelle stesse.

Come probabilmente ha già intuito il lettore, la comunicazione non verbale può dirci molto circa lo stress del soggetto e, per estensione e potenzialmente, il suo mentire. Siamo tuttavia ben lontani da una scienza esatta, e questo dobbiamo sempre tenerlo a mente: maggiore sarà la conoscenza specifica del soggetto, più semplice sarà individuare la menzogna; più sarà generale la nostra conoscenza della comunicazione non verbale – cioè non riferita al soggetto – e più alta sarà la probabilità di sbagliare.

Il motivo per cui il linguaggio non verbale è importante per il riconoscimento della menzogna è che esso è estremamente difficile da dissimulare, e comunque dissimularlo richiede una estrema concentrazione e una dose importante di risorse mentali che vengono sottratte ad altro (per esempio, alla coerenza del discorso). Partiamo comunque da un presupposto fondamentale: gli esseri umani mentono, tutti. Impariamo a mentire sin dall'infanzia e mentiamo perché è un comportamento che nei millenni ha generato dei vantaggi in termini di sopravvivenza. Quindi non fatene una questione morale assoluta. Le menzogne vengono generalmente suddivise in *alto* e *basso* contenuto. Quest'ultime sono le bugie quotidiane che ognuno di noi, senza premeditazione e spesso anche per autoconvinzione, perpetra. Le menzogne ad alto contenuto sono invece quelle che si adottano in situazioni difficili, che richiedono pianificazione e notevoli risorse cognitive. Si può mentire inoltre per falsificazione – cioè affermando il falso – o per dissimulazione, a significare che omettiamo il vero.

Se la menzogna è un'ovvietà del comportamento di tutti gli esseri umani, se essa è addirittura radicata nella narrazione del nostro sé che diamo a noi stessi, la conseguenza è che essa è estremamente difficile da individuare quando è a basso contenuto, mentre nel caso della menzogna ad alto contenuto molto dipenderà dalla nostra abilità di identificazione e di profilazione, e dall'abilità del mentitore. Profilazione in questo specifico caso, come già abbiamo visto, significa conoscere decentemente i comportamenti non verbali standard del soggetto, poiché non esistendo un catalogo assoluto e "sempre vero" dei comportamenti non verbali rivelatori di menzogna, dobbiamo di volta in volta affidarci alle deviazioni dagli standard. Vediamo alcune delle più importanti, sapientemente elencate da Alessandro Toni nel suo *Psicologia della comunicazione*.

In uno studio del 2000, Vrij e altri hanno dimostrato come un soggetto menzognero tende ad assumere uno stile linguistico più studiato rispetto al normale, con una scelta maggiormente accurata dei vocaboli, nonché incorre nell'utilizzo inconsapevole di parole al posto di altre (*lapsus lingue*, secondo uno studio di Ekman del 2009). Lo stesso Vrij ha notato che è possibile portare il soggetto alla contraddizione, quindi a scoprirsi, attraverso un sovraccarico cognitivo, chiedendo quindi sempre più particolari o addirittura chiedendo un resoconto dei fatti al contrario; stessa cosa è possibile chiedendo all'interlocutore un resoconto "spaziale", cioè di contestualizzare i fatti in uno spazio, poiché generalmente si omette sempre, nella pianificazione della menzogna, il dettaglio spaziale.

Seguono gli indizi vocali, in particolare riferimento al ritmo accelerato nei resoconti non particolareggiati, le pause tra le parole (in quanto pesate, scelte, selezionate), le esitazioni all'inizio delle risposte; a questo si aggiunge la tendenza, durante il mentire, a usare un tono più acuto.

Lo studio di Ekman si sofferma anche sui lapsus nei gesti, in particolare il pugno chiuso, la scrollata di spalle e altri, che tuttavia dipendono forse ancor più dallo standard che abbiamo delineato o, in molti casi, dal carico emotivo indiretto del contatto. DePaulo, dal canto suo, ha sottolineato come il racconto menzognero tende a limitare i gesti illustratori, il che però ci pone davanti al problema della cultura di provenienza, oltre che allo standard del soggetto, poiché tali variabili potrebbero essere più o meno identificabili in una cultura particolarmente affezionati ai gesti, come quella nostrana, rispetto al granitico atteggiamento nordeuropeo.

Questo elenco potrebbe continuare all'infinito, tuttavia per brevità ho preferito citare il testo del Toni e gli studi per permettere al lettore di approfondire meglio con degli specialisti, a cui sarà necessario poi affiancare la pratica e soprattutto una certa flessibilità mentale e una sana paura di sbagliare l'analisi.

Individuo e gruppo

Non esistono esseri umani privi di gruppo sociale, ancorché i livelli di quest'ultimo siano vari. Per questo, la conoscenza della fonte non può prescindere dalla conoscenza dei gruppi sociali cui appartiene e delle modalità con cui si relaziona ai propri gruppi e agli altri gruppi.

Come abbiamo visto, l'individuo tende a leggere il mondo attraverso categorizzazioni e tramite queste anche a costruire la propria identità, che inevitabilmente passa anche attraverso l'identità di gruppo. La psicologia sociale ci viene in aiuto in questo ambito, sollecitando l'esplorazione delle interazioni tra il singolo e i gruppi, comprendendo aspetti della personalità, del comportamento, della cognizione e della motivazione che si accentuano durante le interazioni sociali. In tale ambito la categorizzazione sociale è fondamentale, pur presentando vari pericoli, come i già citati stereotipi. Categorizzare infatti un singolo all'interno di specifici gruppi può darci indizi, ma non prove, circa la sua identità. La categorizzazione sociale ci permette infatti di fare delle inferenze comportamentali, cioè associare i comportamenti del singolo alla categoria gruppo (anche per via del processo di apprendimento, come abbiamo visto), purché si permanga sempre all'interno delle generalizzazioni e ci si tenga lontani dagli stereotipi, che soprattutto in questo caso potrebbero portare a pregiudizi e discriminazioni.

Il processo di categorizzazione sociale diviene fondamentale nel momento in cui ognuno di noi associa al proprio io una categoria sociale in positivo o in negativo, di appartenenza o non appartenenza, cui conseguono specifici meccanismi, divisibili in *ingroup* (quando appartengo al gruppo) e *outgroup* (quando non vi appartengo). Questo processo può essere volontario o involontario: posso scegliere di appartenere o posso sentire di appartenere in maniera automatica. Tendenzialmente gli esseri umani – ma non solo – sviluppano il cosiddetto *favoritismo per l'ingroup*, cioè differenziano in maniera positiva il proprio gruppo di appartenenza, e laddove non riescano a farlo grazie a dei risultati concreti (a giustificare cioè in maniera razionale e palese, quasi scientifica, la propria differenza positiva), lo fanno attraverso la creatività sociale, che è una sorta – diremmo superficialmente – di *cherrypicking* volto a trovare comunque una sorta di superiorità.

L'identità sociale, fondata sul bisogno di appartenenza – che è oramai assodato ancorché vi siano varie teorie circa il suo funzionamento e il suo sviluppo – può dirci molto in fase di profilazione e trattamento della fonte. Anche perché spesso l'autovalutazione che un individuo dà di sé vede al suo interno una parte importante derivante dalle meccaniche sociali quali appartenenza a un dato gruppo e posizione/interazione nel/col gruppo stesso (per esempio se la fonte è leader o gregario, quanto aderisce al pensiero di gruppo, quale visione mutua dall'*ingroup* circa l'*outgroup*, etc.).

Concludendo rapidamente, le meccaniche di interazione singolo – gruppo sono fondamentali per comprendere aspetti notevoli della nostra fonte, financo a meccanismi che possono impattare su aspetti importanti come le discrepanze del sé dettate dalle necessità *ingroup* (bisogno di accettazione da parte dei *group mates*, presa della leadership, etc.), nonché darci anche palesi indizi sulle modalità con cui il singolo costruisce la narrazione di sé (per esempio, mentendo sull'appartenenza a un gruppo più astratto rispetto a quelli di base) e mente sia in *ingroup* che *outgroup*. Non ultimo, può darci indizi su potenziali mezzi di pressione e/o manipolazione della fonte, rendendo la psicologia sociale una delle competenze imprescindibili per il buon operatore HumInt.

Interculturalità e differenze culturali

Uno degli scontri teorici maggiormente presenti nella contemporaneità è quello tra universalità e relativismo, uno scontro che si combatte a livello multidisciplinare, dalla politica alla filosofia, dalla giurisprudenza (in particolare i diritti umani) a, come abbiamo visto, le teorie della comunicazione non verbale. Due campi specifici sono invece pervenuti oramai al solo relativismo (pur mantenendo accesa la discussione su come questo si articoli a differenti livelli): l'antropologia culturale e l'etnopsichiatria (ma anche etnopsicologia). In sostanza, il terreno di scontro è quanto i costrutti sociali e culturali siano in grado di alterare la realtà percepita da individui e gruppi e a trasformarla, e quanto in realtà sia universale e valido per tutti gli esseri umani.

Sul piano pratico, l'approccio di un operatore HumInt non può che essere fondato sul relativismo, se non altro per via dell'esperienza: parlare con un europeo non è come parlare con un africano, e a dire il vero parlare con un italiano non è come parlare con un finlandese, che ci piaccia o meno.

In aiuto del nostro operatore di fiducia, posso consigliare due approcci, che tendono a sovrapporsi: gli studi sull'interculturalità – oggi sempre più spesso diffusi per via delle grandi migrazioni – e quelli sull'*intercultural management*.

Il principio di fondo è che l'individuo – la fonte, il contatto – agisce e pensa secondo dettami della propria cultura, che di base è uno strumento, un linguaggio sul piano *ingroup*, e per interagire con esso dobbiamo apprendere il suo linguaggio, la sua cultura, i suoi valori, la sua comunicazione non verbale specifica. Nell'ambito degli studi sull'interculturalità ho sempre trovato imprescindibile il *modello di sviluppo della sensibilità interculturale* di Milton J. Bennett. Il modello definisce delle fasi di crescita attraverso le quali un individuo è in grado di riconoscere, accettare, convivere e interagire con le differenze culturali. Questo processo di crescita è imprescindibile per l'operatore HumInt che lavora all'estero o con culture non autoctone rispetto alla propria. Le fasi sono 6 e si dividono in etnocentriche ed etnorelativiste:

1. negazione, in cui il soggetto nega l'esistenza delle differenze e si sottopone a isolamento o separazione;
2. difesa, in cui l'individuo comincia a riconoscere le differenze e se ne difende denigrando o gerarchizzando, in alcuni casi ribaltando la situazione (la mia cultura è inferiore alla tua);
3. minimizzazione, in cui si tenta di definire le differenze come superficiali e

non fondanti (qui ricade l'universalismo);

4. accettazione, quando si cominciano a riconoscere e rispettare le differenze, ma non si è in grado di interagire con esse;

5. adattamento, quando l'individuo riesce a riconoscere, accettare e trattare con le differenze;

6. integrazione, quando il soggetto è in grado di procedere al *blending*, cioè assumere il punto di vista dell'altro agendo o comunque comprendendo a pieno le sue meccaniche e diversità.

Dall'altro lato, un approccio estremamente interessante è quello dell'*intercultural management*, o meglio del *software of the mind*, strutturato dall'antropologo olandese Geert Hofstede e successivamente dallo Hofstede Institute a livello aziendale. Hofstede, nel suo libro *Cultures and Organizations*, tratta del problema delle differenze notate a livello culturale nella gestione delle problematiche aziendali, e definisce sei parametri generali (nel senso che, per sua stessa ammissione, rappresentano delle generalizzazioni da prendere con le pinze, alla luce delle notevoli variabili individuali) attraverso cui è possibile identificare le differenze culturali soprattutto in ambito manageriale e di gestione. Questi parametri, o meglio dimensioni culturali, sono:

- Power Distance, cioè la "distanza" tra persone con potere e persone senza;
- individualismo vs collettivismo;
- mascolinità vs femminilità, visti rispettivamente come società con tratti

di ambizione e successo rispetto a società a maggiore collaborazione e dove la modestia è una virtù fondante;

- evitamento dell'incertezza, ovvero quanto una cultura o società tendono a rendere la vita il più possibile controllabile e/o prevedibile;
- orientamento al breve o al lungo termine, sia per quanto concerne la pianificazione che gli obiettivi;
- indulgenza vs controllo, a definire quelle società o culture che guardano all'autocontrollo e alla repressione piuttosto che all'indulgenza.

È importante, per l'operatore, comprendere che lavorare in ambienti multiculturali o viaggiare spesso non è sufficiente né per crescere sul modello della sensibilità di Bennett, né tanto meno per prendere sufficiente confidenza con le dimensioni culturali di Hofstede: il punto non è collezionare viaggi vacanze, ma fare consapevole esperienza della diversità fino ad assorbirla.

Il setting

Il setting in psicoterapia è la cornice in cui si sviluppa la relazione tra paziente e terapeuta, quindi il contesto che detta i limiti e le regole di tale relazione. È importante importare tale concetto nella relazione tra operatore e fonte, ovviamente con i necessari distinguo. Il setting HumInt include:

1. lo spazio, o meglio, il luogo in cui si svolgono i contatti o le interviste;
2. il tempo, quando si svolgono gli incontri e quanto durano;
3. gli obiettivi eventualmente condivisi;
4. la definizione dei rispettivi ruoli.

Ovviamente in ambito terapeutico tutto è più semplice perché l'obiettivo e parte del setting sono sempre gli stessi (la terapia e lo studio del terapeuta); diversamente, nel nostro caso, per ogni contatto dovremo stabilire un setting totalmente differente, in particolar modo dipendente dalla specifica relazione che definiremo con la fonte, a cominciare dal distinguo, che abbiamo fatto all'inizio, tra HumInt rapida e lenta.

La definizione del luogo è il primo passo importante, poiché esso già di per sé può impattare massicciamente sull'atteggiamento della fonte, in positivo o negativo, e dare un mezzo all'operatore per rilassare o mettere sotto stress l'interlocutore, per focalizzarne la concentrazione o dissiparla attraverso distrazioni, moltiplicando lo stress cognitivo in caso si voglia valutarne le potenziali menzogne. Questo significa, ed è valido qui come per gli altri punti, che la scelta del setting dipenderà e si evolverà seguendo la nostra conoscenza dell'individuo.

Le tempistiche sono molto più variabili, anche perché soffrono degli stress che sono sulle nostre tabelle di marcia. Tuttavia, dovremo sempre considerare, per esempio, quanto la concentrazione di una fonte può reggere un colloquio e quindi se questa è utile e funzionale, imprescindibile o meno. Andrà valutato inoltre l'impatto sulla tenuta del contatto: alcune fonti con cui si entra in confidenza tendono a perdere interesse se non attivate regolarmente, mentre altre tendono a non farci caso o addirittura a preferire contatti sporadici.

La condivisione di obiettivi è estremamente utile rispetto alla capacità di far aprire la fonte, ma molto dipende dalla relazione che si è stabilita e in particolar modo dalla consapevolezza dell'interlocutore rispetto al vostro ruolo: se è chiaro che voi siete operatori e l'altro un informatore, è utile stabilire degli obiettivi condivisi, un mutuo scambio di interessi. Dall'altra parte, se la fonte non è realmente consapevole del vostro ruolo, può essere funzionale stabilire dei rapporti umani che abbiano come obiettivo condiviso i normali bisogni umani (insomma, dovrete prendervi cura della fonte, renderla amica).

Come facilmente intuibile, l'ultimo punto (in realtà questi sono tutti "contemporanei" e non consequenziali) è appunto la definizione dei rispettivi ruoli. Questi non devono essere necessariamente "informatore" e "operatore", per esempio con molti dei miei informatori, pur essendo consci del mio ruolo, abbiamo costruito un setting molto simile a quello che esiste tra maestro e allievo o meglio tra coach e cliente (ancorché io non ami il concetto di coaching), che mi permette di farli attivare di propria sponte.

Il setting, è bene tenerlo presente, deve essere duttile, flessibile, e cambiare in alcuni casi addirittura durante il colloquio. A volte è necessario violarlo per mettere sotto pressione la fonte o generare un cambiamento, a volte è necessario farlo tornare indietro e renderlo più restrittivo nel caso in cui l'interlocutore esca troppo dal proprio ruolo. E, ovviamente, dipenderà molto dalle possibilità dettate dal contesto esterno: per fare un banale esempio, quando cerco degli informatori all'interno dei gruppi di lavoro durante una consulenza, non sempre è possibile "isolarli" dal resto del gruppo durante la pausa pranzo, o prendere un aperitivo perché a distanza di 600 km. In questi casi l'operatore dovrà "arrangiarsi" con i mezzi tecnologici a disposizione o essere creativo, nonché lavorare sull'interlocutore durante le attività di gruppo. Come sempre, anche qui l'esperienza e la capacità di autocritica la fanno da padrone.

Tecniche di conversazione

Durante le sessioni formative buona parte degli studenti tende a preferire gli approcci pratici, quelli diciamo più semplici ed efficaci, cosa che sinceramente infastidisce molto lo scrivente. Nel mondo contemporaneo c'è questa tendenza a pensare che la tecnica sia più importante della preparazione. Se prendiamo la citazione attribuita a Einstein *la teoria è quando si sa tutto e niente funziona, la pratica è quando tutto funziona e nessuno sa il perché*, diremmo che oggi viviamo in un mondo molto pratico. Il mio parere è che la differenza tra un buon operatore e un pessimo operatore è la stessa che corre tra un buon terapeuta e un pessimo coach o operatore PNL: se non sai il perché, è inutile saper far funzionare, in quanto sulla lunga distanza si creerà quello che a Roma si dice *accrocco*, e che è anche tipico di molti sistemi informativi aziendali fatti dalle grandi società di consulenza.

Le tecniche di conversazione sono uno strumento molto pratico, forse il più pratico di quelli visti finora, e decisamente quello più semplice da utilizzare superficialmente. Il problema è che senza le competenze fin qui descritte, prima o poi porterà l'operatore a compiere grandi danni: tenetelo bene a mente.

Ora, il punto fondamentale è che, se non è chiaro all'interlocutore il vostro ruolo di operatore, egli tenderà a venire infastidito dal classico *terzo grado*, cioè da una sequela assillante di domande. Per questo, in termini di *sollecitazione*, è utile conoscere una serie – tutt'altro che esaustiva anche questa – di semplici tecniche che possano stimolare la conversazione senza porre la fonte sotto assedio. Vediamone alcune.

Evitare le domande è fondamentale, anche perché la memoria dell'interlocutore tende a ricordarle. Per questo è estremamente utile trasformare le domande in commenti e far seguire una lunga pausa che può stimolare un commento, affermativo o negativo, da parte della fonte. Affermazioni particolarmente provocanti possono ulteriormente stimolare una reazione. Altra variabile è l'utilizzo di affermazioni false, che possono portare l'altro a correggervi, rivelando ulteriori argomentazioni e informazioni.

L'atteggiamento durante la conversazione può essere un fattore portante: dare l'idea di sapere già o di non sapere nulla, financo ai limiti dell'ingenuità, può di volta in volta stimolare l'interlocutore a contrastarvi o a pretendere di "illuminarvi", "svegliarvi", in ogni caso costringendolo a fare affermazioni e ad argomentarle.

Durante le parti della conversazione in cui l'altro è particolarmente attivo, sottolineare specifiche frasi chiave o parole, introducendo una pausa o un vago interrogativo può portare a ulteriori aperture.

L'incredulità, cioè il dissimulare il non credere a quanto dice la fonte o terze parti, costringe l'informatore ad ampliare la discussione per sorreggere il proprio punto di vista. Allo stesso modo, insieme alle affermazioni provocative, "caricare" di sottintesi affermazioni, commenti o domande può generare risposte via via più particolareggiate.

Quelle menzionate sono ovviamente solo alcune tecniche, cui mi sento, in generale, di aggiungere tre principi fondamentali da seguire: sincerità, gentilezza, ascolto attivo. Trattare con le persone, manipolarle positivamente, è infatti una questione di approccio. Far comprendere all'interlocutore che è protetto, è in un ambiente amico, che siamo disponibili ad ascoltarlo attentamente non solo per ciò che ci interessa, nonché mostrare una certa cura per il rapporto, è sempre più proficuo che non tentare, banalmente, di "fregarlo".

Principi, questi, che dovrebbero essere chiari una volta acquisite tutte le competenze elencate prima delle tecniche di conversazione.

Predominio cognitivo e consapevolezza situazionale avanzata

Il predominio cognitivo è un concetto poco, se non per nulla, presente nella letteratura psicologica in italiano. Il termine, che ho tradotto dall'inglese *cognitive dominance* come predominio, per distinguerlo dal concetto di dominio cognitivo, è presente sia nella letteratura di intelligence americana, sia in un libro estremamente consigliato che è appunto *Cognitive dominance* del neurochirurgo Mark McLaughlin. La trattazione di quest'ultimo è particolarmente interessante perché definisce il concetto come la capacità di prendere decisioni in maniera rapida e sotto pressione. La definizione viene ampliata in ambito militare come strumento per raggiungere la superiorità informativa e la consapevolezza situazionale avanzata del singolo soldato.

All'atto pratico si tratta di raggiungere una consapevolezza che permette all'operatore di avere la situazione maggiormente sotto controllo, consapevolezza che, nel caso dell'operatore HumInt, non si ferma all'interlocutore, ma si estende nel tempo e nello spazio, rendendolo capace, in particolare durante il colloquio, di tenere sotto controllo tutto ciò che accade nel contesto, quindi nel setting, nonché tutto quello che effettivamente sta facendo l'interlocutore.

Si tratta di una consapevolezza raggiungibile attraverso il controllo del sovraccarico cognitivo dell'operatore, addestrando quindi sia il nostro cervello, sia i nostri sensi, vale a dire sia gli organi che acquisiscono informazioni, sia quello che le elabora, accentuandone la rapidità decisionale e, quindi, la capacità di reagire velocemente ed efficacemente.

Abbiamo accennato al condurre i colloqui in coppia per dividere il carico cognitivo: un operatore sollecita la fonte, l'altro prende appunti (mentali) sulle informazioni rilasciate e sulle reazioni delle fonti; tuttavia, l'obiettivo è arrivare a eseguire il tutto attraverso un singolo operatore. A questo si aggiunge la capacità di controllare costantemente il setting, l'ambiente, le distrazioni e il focus della fonte, e mille altre cose che si moltiplicano esponenzialmente anche e soprattutto in base all'interlocutore (ad alta o bassa complessità). Il predominio cognitivo è imprescindibile per essere in grado di gestire il tutto, e va progressivamente conseguito addestrando sia la propria mente (ivi inclusa personalità, cognizione, motivazione, capacità di dissimulazione, tutte attività che richiedono risorse mentali), sia i propri sensi, sia la propria comunicazione non verbale, anche nell'ottica della propria attività di controinformazione (cioè di limitazione da parte dell'interlocutore di acquisire informazioni a nostro danno).

Addestramento

Studiare

Ho più volte sottolineato come un buon operatore sia costituito da competenze e nozioni che devono fondarsi sullo studio teorico PRIMA e solo successivamente sulla pratica. Nella mia carriera ho conosciuto due persone in particolare che avevano notevole talento, pur mancando della lunga lista di competenze fin qui elencata. Una di queste persone era un operatore HumInt e ha letteralmente addestrato lo scrivente. L'altro non sa nulla di HumInt, non è il suo mestiere, ma mi ha sempre lasciato perplesso il suo talento nel parlare con le persone. In entrambi i casi alla base c'era un'innata capacità di far parlare gli interlocutori, anche laddove non vi fosse la necessità di farlo. Una sorta di aura che portava chiunque ad aprirsi, fatta per altro per lo più di gentilezza, di bonarietà, una caratteristica che manca a molti professionisti di settore che spesso cadono in quelle narrazioni tipiche dei film inerenti il nostro settore. La verità è che più che sembrare 007, un buon operatore deve sembrare un terapeuta, uno dei migliori, per giunta. Il talento – vale qui come in altri campi – non è sufficiente per il successo. Lo dico per esperienza.

Anzi, nel più dei casi il talento innato porta gli individui a sottostimare l'importanza di un'adeguata preparazione. E questo è un errore in cui incorrono soprattutto i giovani. Il talento senza l'apprendimento non porta lontano, come la pratica senza teoria: come dico sempre, potete essere dei cecchini al campo di tiro, ma la pianificazione di un'operazione e la capacità di coordinamento e sostegno di una squadra e di una squadra con il centro operativo è più importante della vostra capacità con un'arma. È la pianificazione che porta al successo, non il talento. E la pianificazione è fatta di preparazione, teorica, quindi studio, e di addestramento, quindi pratica. Lo studio stesso, a sua volta, è addestramento cognitivo, quindi rimane il primo passo imprescindibile.

Abbiamo visto nella precedente sezione una carrellata di strumenti, soprattutto teorici, che rappresentano una *conditio sine qua non* per essere dei buoni operatori. Tuttavia, altro non è che una carrellata, una superficiale panoramica, tutt'altro che completa e aggiornata. Le armi del nostro operatore, gli strumenti, devono essere, infatti, costantemente aggiornati e affilati. Lo studio è infinito, ben oltre l'età pensionabile, tanto per dire. Quindi, cari lettori, toglietevi dalla testa l'idea che si possa essere operatori senza un'attività cognitiva seria: studiare è tutto, prima ancora che praticare. Studiare in lungo e in largo, perché se essere operatori HumInt significa essere esploratori del pensiero umano, allora vuol dire anche che tale pensiero bisogna esplorarlo nelle sue frange più recondite, facendosi novelli Colombo e Magellano della mente umana e delle sue creazioni.

In questo capitolo, quindi, riassumeremo a grandi linee quei testi da cui consiglio di cominciare questa monumentale opera di adattamento della vostra mente e della vostra memoria alle più disparate variabili che la natura umana ha creato nel tempo, passando soprattutto per le discipline sociali, ma non solo.

Un testo con cui consiglio di iniziare la propria preparazione, che spiega bene quanto sia importante un approccio olistico alla formazione, è *Generalisti*, di David Epstein. Una sorta di base che spiega, partendo da ottimi esempi reali, anche sportivi, come costruire una certa flessibilità mentale rispetto a un approccio iperspecializzante che rende poco duttili.

Sul mentire e la manipolazione abbiamo citato due testi: *Le armi nascoste della manipolazione* di Christophe Carré e *L'arte di mentire a sé stessi e agli altri* di Giorgio Nardone. A questi, consiglio di aggiungere, in tema di oratoria, Dale Carnegie, *Come parlare in pubblico e convincere gli altri*: questo testo è molto, molto vecchio, un bel mattone, ma decisamente migliore dei classici manualetti che fanno apparire tutto facile. In realtà non c'è nulla di facile, mettetevelo in testa. Volendo completare il "settore" o meglio la vostra personale armeria oratoria, aggiungere *L'influenza sociale*, di Mucchi Faina, Pacilli, Pagliaro.

Veniamo ai testi di psicologia, per i quali segnalerò solo i manuali utilizzati, ai quali tutti dovrebbero aggiungere una buona dose di *papers* per approfondire i singoli aspetti di interesse. Per una generale panoramica di Psicologia della comunicazione, Alessandro Toni, *Psicologia della comunicazione*. Come testo generale per cominciare a studiare l'importanza della profilazione, *Psicologia della personalità e delle differenze individuali*, di De Beni, Carretti, Moè e Pazzaglia, aggiungendo *Fondamenti di Psicologia e Psicoterapia cognitivo comportamentale*, curato da Melli e Sica. Sui gruppi, *Processi psicosociali nei gruppi*, di Voci. Imprescindibile, in particolar modo sul *setting*, il testo di Semi *Tecnica del colloquio*. Un testo che non ho citato, ma che è ottimo per introdurre le problematiche legate alla memoria, che impattano sia sull'operatore che sulla fonte, è *Vizi e virtù della memoria*, di Cornoldi e De Beni.

Come unico testo sulla comunicazione non verbale, mi sento di consigliare di Mauro Corsaro *La comunicazione non verbale – analisi del linguaggio corporeo*.

Infine, apparentemente fuori tema, voglio consigliare due testi che parlano di relazioni di coppia. Questo consiglio è solo apparentemente fuori tema e lo do per due motivi essenziali: il primo è che durante le mie lezioni uso spesso – lo avrete notato dalle prime pagine – proprio le relazioni come esempio aneddotico per l'intelligence. Il secondo motivo è il perché lo faccio: le relazioni sono sempre un qualcosa che fa drizzare le orecchie tanto ai miei allievi quanto alle fonti, una sorta di cavallo di troia con cui entrare nella mente delle persone; anche perché, alla fine, nonostante la cultura, permane la nostra natura biologica, che è sempre volta a riproduzione e sopravvivenza, e che ci piaccia o meno queste dettano molti nostri comportamenti, e se la seduzione come scrisse Baudrillard è menzogna, allora sulla menzogna e sulla psiche umana possiamo imparare tantissimo dallo studiare i rapporti di coppia. Il primo testo è il citato *Why we love* di Helen Fisher. L'altro, scritto da una coppia di psichiatri, Barash e Lipton, è *Il mito della monogamia, animali e uomini (in)fedeli*.

Un ultimo appunto circa lo "studio" generale. Se guardo indietro alla mia formazione, i libri sono stati, molto spesso, successivi all'aver assorbito nozioni e competenze da terze persone. Buona parte degli stimoli e delle mie prime conoscenze in ambito psicologico, biologico e sociologico, provengono infatti dall'aver frequentato specialisti. Credo fermamente, quindi, che un buon operatore debba farsi "spugna", cioè essere in grado di assorbire dalle persone e dall'ambiente più conoscenze possibili. Veramente questo è alla base di un buon operatore, è quello che fa la differenza insieme a talento e spirito critico. Siate spugna. O se preferite lo Spugna di Capitan Uncino.

HumInt e social media

Fino a ora non abbiamo praticamente parlato di Social Media. Oggi va di moda parlare di *digital humint*. Personalmente non amo le nuove tendenze terminologiche, perché la verità è che l'intelligence si fonda su principi piuttosto immutabili dai tempi di Sun Tzu e, soprattutto, le mode portano spesso molta superficialità, molto fumo e poco arrosto, almeno in termini di novità. Tuttavia, è assolutamente vero che il mondo dei social media ha aggiunto molto alle attività informative da fonti umane, soprattutto in termini di potenziale ampliamento dei contatti e profilazione; quindi, è importante che l'operatore si addestri in tal senso.

Profilare una fonte attraverso i social prima e dopo il contatto è utile, sì, ma va saputo fare, tenendo conto dei vari studi circa la tendenza a mentire e a dare immagini fantasiose della propria vita: insomma, tutti mentiamo e le attività social amplificano a dismisura questa tendenza.

L'attività di profilazione è estremamente semplice da addestrare: l'operatore dovrà selezionare una serie di contatti di secondo livello, dove per secondo livello si intende il contatto di un nostro conoscente, che possibilmente ci aiuti nell'addestramento. Il ruolo del vostro conoscente è fare un'analisi della profilazione che avete effettuato e verificarne la rispondenza alla sua conoscenza del contatto, quindi è bene che sia il vostro conoscente a darvi la lista delle profilazioni da effettuare.

Fate selezionare per esempio 5 suoi contatti che abbiano una diversificazione di profili online, che includano in maniera variegata Facebook, Instagram, Twitter, LinkedIn, ma anche Academia e simili. Procedete quindi a valutare tutto il materiale a cui avete accesso, ivi inclusi contenuti verbali e non verbali (immagini e video), cominciando a tracciare un profilo che segua uno schema che dovete prefissare durante la precedente fase di studio in ambito psicologia della personalità. Partite per esempio dai tratti, dalla motivazione, dai comportamenti, e procedete annotando gli interessi.

Un punto è estremamente importante nella fase di profilazione tramite social: dovete sempre ricordare che essi incarnano la meta-narrazione di sé, quindi possono spesso evidenziare quanto abbiamo introdotto a proposito delle discrepanze dei sé, e in tal senso, come in un colloquio terapeutico, non è importante solo cosa si narra (il contenuto), ma anche e soprattutto come si narra.

Non stupitevi se buona parte del vostro schema rimarrà vuoto: i social tendono a restituire immagini parziali che dovrete completare – nelle reali attività – attraverso la conoscenza del contatto acquisita durante i primi colloqui.

Ricordatevi sempre che ogni social è un luogo virtuale, sì, ma corrispondente a un contesto specifico, proprio come nella realtà, quindi è possibile comprendere come un soggetto si muova diversamente in un contesto professionale – LinkedIn – o in un contesto privato – Instagram -.

Effettuate le profilazioni, confrontatevi opportunamente con il vostro conoscente. Ricordatevi che soprattutto in fase iniziale è molto importante che tali profilazioni siano strutturate e scritte: non avete ancora sufficiente esperienza né per affidarvi alla vostra memoria, né tanto meno per affidarvi all'intuito.

Vedere e sentire tutto

C'è una scena che ricordo sempre de *Il quinto elemento* di Luc Besson, in cui il protagonista impersonato da Bruce Willis con una sola occhiata rapidissima conta ostaggi e alieni pirati in una stanza. Ci sono molte scene nei film di spionaggio in cui si vedono esempi di predominio cognitivo e consapevolezza situazionale avanzata, ma personalmente non amo i film di spionaggio perché deteriorano la realtà, creando stereotipi che impattano negativamente sui professionisti, quindi tendo ad affidarmi a esempi balzani di commedie sul tema, motivo per cui ai miei allievi do spesso soprannomi presi dalle saghe di *Red* e *Austin Powers*.

Si possono addestrare mente e sensi per il predominio cognitivo e la consapevolezza situazionale avanzata? Certamente sì, soprattutto tenendo a mente il principio che addestrarsi significa ripetere innumerevoli volte delle procedure fino a renderle rapide e praticamente automatiche, come abbiamo già accennato. In questo specifico caso, il vantaggio è che ci si può addestrare ogni qual volta si è in un luogo pubblico. La prima opzione è quella di farlo con un collega: prima di entrare in un locale, per esempio affacciatevi e date un'occhiata per 5 secondi, poi fatelo fare al collega. Confrontatevi poi su una lista di elementi che avete osservato che sia il più completa possibile. Sforzatevi sempre di richiamare alla memoria le immagini e lo spazio.

Successivamente, entrate nel locale, possibilmente un bar o un pub. Selezionate adeguatamente il vostro posto simulando sia il contesto scelto per un colloquio. Ci sono alcuni principi da seguire: il primo è che dovete avere in vista sempre l'entrata, l'uscita, l'accesso ai bagni e alle uscite di sicurezza. Evitate di essere accerchiati, le vostre spalle devono essere al muro, il vostro sguardo verso il resto del locale, mentre l'ipotetica fonte deve poter vedere per lo più voi, quindi avere le spalle al resto. Questo permette a voi di avere controllo sulla situazione e alla fonte di non distrarsi. Solo in alcuni casi si invertono i posti, generalmente per sovraccaricare cognitivamente la fonte. Principio spesso valido è comunque tentare di avere un angolo appartato, soprattutto se le informazioni sono confidenziali o se la fonte tende a sentirsi insicura o sotto stress.

Eseguite questo esercizio più volte passando progressivamente da locali silenziosi a locali più caotici. Iniziate, come detto, con un collega. Mentre siete seduti al vostro tavolo, cominciate in sequenza a focalizzare la vostra attenzione su ogni tavolo che vi circonda: focalizzate prima il vostro udito e cercate di origliare le discussioni, dopodiché focalizzate la vostra attenzione su ogni individuo e cercate di profilare la sua *baseline* inerente la comunicazione non verbale. Credo sia ovvio, ma vale la pena ricordarlo, che dovete farlo senza sembrare degli stalker, soprattutto quando passerete alla fase successiva dell'esercizio: dovrete svolgerlo non preparandolo con un collega, ma durante una normale uscita mondana, possibilmente con il/la partner o comunque con una persona che richieda tassativamente la vostra attenzione: questo vi costringerà a dividervi cognitivamente tra la fonte simulata e il contesto.

Terza fase: profilate la *baseline* e simulate un colloquio con la persona che vi accompagna.

Conoscere e sollecitare

Ultimi appunti di addestramento pratico. Una pratica molto utile è quella di stabilire dei set di esercizi progressivi, di cui abbiamo già visto un esempio, ma anche di annotare il tutto su un diario *ad hoc*, questo per avere un maggiore riscontro scientifico dei risultati. Dovete sperimentare, questo imprimetelo bene nella testa, e dovete essere metodici, soprattutto all'inizio del vostro addestramento. Suggerirò qui un esempio standard di set di esercizi, sulla base del quale dovrete imparare a costruirne di vostri.

Fase I – conoscere il vostro impatto.

Conoscere l'impatto che il vostro umore, la vostra predisposizione, il vostro linguaggio verbale e non verbale hanno sugli altri è indispensabile, quindi cominciate da qui. Annotate scrupolosamente i risultati degli esercizi e poi fatene una valutazione. Eseguite gli esercizi più volte, cambiando di volta in volta luoghi e persone.

Esercizio 1: scegliete due bar differenti, prendete qui il caffè una volta al giorno, quando il vostro umore è, per così dire, neutro. Nel bar A entrerete, prenderete un caffè, pagherete, uscirete. Non salutate, non ringraziate. Nel bar B entrerete, saluterete, sorriderete, ringrazierete, saluterete augurando buon lavoro. Annotate e valutate le reazioni di lavoratori e astanti.

Esercizio 2: scegliete un singolo bar. Prendete qui il caffè più volte, mantenendo il vostro atteggiamento standard, cioè evitando di pianificare. Cercate di farlo 2 volte di buon umore, 2 volte di pessimo umore, 2 volte di umore neutro. Annotate e valutate le reazioni di lavoratori e astanti.

Esercizio 3: scegliete un singolo bar. Per tre giorni consecutivi prenderete il caffè con atteggiamento distaccato e formale. Per i successivi tre lo farete con atteggiamento gentile e informale. Annotale e valutate le reazioni.

Un modo di approfondire ulteriormente questa fase è valutare le reazioni di volta in volta testando diversi approcci che includano il vostro vestiario e specifici accorgimenti inerenti la vostra comunicazione verbale e non verbale.

Fase II – sollecitare.

Scopo di questo esercizio è cominciare a mettere alla prova la vostra capacità di selezionare le fonti e acquisire informazioni. Ripetete l'esercizio più volte con obiettivi diversi. Selezionate un bar o un locale simile, che abbia almeno tra i 2 e i 5 dipendenti. Datevi un tempo limite, cominciando con il primo locale, per esempio 4 settimane, e con i locali successivi diminuendo il tempo progressivamente. Stabilite un pattern d'approccio, per esempio utilizzate il bar per la vostra colazione mattutina. Profilate il personale, cominciando dai social media, quindi con attività OsInt. Prendete progressivamente confidenza con tutti. Cominciate a profilare le interazioni tra i dipendenti e i proprietari, nonché le relazioni gerarchiche formali e informali. Selezionate una singola fonte attraverso la quale, entro il termine stabilito, dovrete acquisire più informazioni possibili sul restante personale e il funzionamento dell'attività.

E via discorrendo...

Queste avrebbero dovuto essere le conclusioni. La verità però è che fare l'esploratore del pensiero umano, l'operatore HumInt, non ha una conclusione: non si smette mai di apprendere, non si smette mai di studiare, e soprattutto non si smette mai di sbagliare. Ecco, un ultimo appunto che mi sento di dover fare ai lettori è questo: ricordatevi che sbaglierete spesso e anche in maniera tremenda, soprattutto se erroneamente penserete di poter "crescere" come operatori solo con questa breve introduzione (o peggio, partecipando a un corso e spacciandovi poi per docenti, come qualcuno è aduso fare nel nostro paese). Dovete aver paura di sbagliare. Quando smetterete di averne, sarete delle persone peggiori, perché significherà che avrete cominciato a sottostimare la complessità del genere umano e la variabilità degli individui al suo interno. Ricordatevi: anche il più stupido bipede (come mi piace pensare ci definiscano i miei gatti) può cogliervi di sorpresa; quindi, dubitate sempre delle vostre profilazioni e della vostra capacità di valutare menzogne e carpire informazioni. A nessuno di noi piace essere dato per scontato, e talvolta le migliori menzogne le partoriamo solo per smentire l'altro.

Ricordatevi che tutti mentiamo e la prima menzogna si annida sempre in noi e riguarda noi stessi: se non sapete smontare quella, non saprete smontare quelle altrui. Il che ci porta a un assunto fondamentale già accennato: non potete esplorare il pensiero umano (altrui) se non conoscete voi stessi. Per questo negli esercizi ho sottolineato l'importanza di comprendere il vostro impatto sugli altri. *Imperare sibi maximum imperium est* era aduso dire Seneca: comandare a sé stessi è la massima forma di comando. Ecco, per la conoscenza del pensiero umano vale lo stesso principio, prima serve averne sul proprio, solo dopo può pervenire quello altrui.

Prendetevi la briga di circondarvi delle giuste persone e di confrontarvi con esse: si cresce con gli altri, mai da soli. Se ne avete la possibilità, servitevi della psicoterapia per conoscere voi stessi. Se potete, mettete in piedi con colleghi e amici un gruppo di lavoro che includa molteplici specialità, sarebbe estremamente funzionale al vostro addestramento.

Soprattutto, amate il pensiero umano, non smettete mai di conoscerlo, e rispettate le vostre fonti: curatele, proteggetele, ingannatele solo se strettamente necessario.

Buon colloquio!